CONTENTS

THE FABER BOOK

OF

FRENCH FOLK SONGS

Collected and selected by
PAUL ARMA
Arranged and translated by
ELIZABETH POSTON
Illustrated from designs of popular
tradition by
EDMÉE ARMA

FABER & FABER LIMITED
3 Queen Square London
in association with
FABER MUSIC LIMITED
38 Russell Square London

First published in 1972
by Faber and Faber Limited
3 Queen Square London WC1 N3AU
in association with Faber Music Limited
38 Russell Square London WC1 B5DA
Music engraved by Lowe & Brydone (Printers) Ltd
Printed in Great Britain by Orchard and Ind Ltd Gloucester

ISBN 0 571 09945 9 (Paper covered edition)
ISBN 0 571 09944 0 (Hard bound edition)

Rien n'est plus jeune qu'une vieille chanson

An old song sung is a song ever young

FOREWORD

Throughout the ages, everywhere, people have sung their joys and their sorrows, their labours, their laughter, tears and travail. And as each language has bent its shape to its song, it is via the contours and rhythms of that song that we are able to arrive most naturally at the language.

This, then, is the *raison d'être* of this anthology of the sung language of France in the songs of the French people. In them certain usages of earlier linguistic forms of the fifteenth and sixteenth centuries survive and have been here retained, mostly easily recognizable, as a matter of commonsense. For instance, some modifications and contractions, to which the following key will give a guide:

las (hélas)
lors (alors)
encor (encore)
qu'est, qu'a (qui est, qui a)

t'en as (tu en as)
m'amie (mon amie)
ci (ici) etc.

Sometimes an internal syllable is dropped, as when the pronoun 'vous' follows interrogatively in the second person plural, whether present indicative or future:

av'ous (avez-vous)
voul'ous (voulez-vous?) etc.

The 'e' of the pronoun 'le' may be eliminated; as may be also the terminal silent 'e' when it follows a consonant or occurs after a double 'll':

épé' (épée), ami' (amie)
pèr' (père), mèr' (mère)

fill' (fille) etc.

The 'e' is dropped in certain cases also, after a non-accented syllable, in particular:

faites-l'moi (faites-le moi)
ne l'mettez (ne le mettez)

On the other hand, an 'e' that would normally be terminal and silent is added and sounded when a note needs another syllable in the interests of the rhythm:

mer-e (mer)
jour-e (jour)

mor(t)-e (mort)
duc-que (duc) etc.

Sometimes there is the survival of earlier usage when the personal pronouns of the first and second person are assumed without being mentioned:

l'aimerai (je l'aimerai)
aura mes amours (il aura mes amours) etc.

There are also 'deliberate mistakes' in the making of liaisons by means of an instrusive letter that would normally not be there:

t: Malbrough s'en va-t-en guerre
z: en voilà-z-assez

We have retained these forms because of the essential part they play in a folk art which is above all exacting in its rhythmic demands.

It is the dominating factor of rhythm which also determines the frequency and variety of the syllabic refrains, those fascinating sounds, sometimes onomatopeoic, often deriving from voice in imitation of instruments, of the sounds of nature, sounds characteristic of trades and crafts, of war, of animal cries etc.

dondaine
verduron, verduronette

et ron et ron, petit patapon
plan, plan, plan, rataplan etc.

It is our hope that in its appeal by ear, so strongly characteristic of each song within its rhythm, will lie its best passport towards the true understanding of the spoken language.

ELIZABETH POSTON
PAUL ARMA

ACKNOWLEDGEMENT

Our thanks are due to Editions Ouvrières for their kind permission to print the English version by Elizabeth Poston of "Jean Renaud" (no. 8) published by them in *Cantate de la terre* by Paul Arma.

P.A.
E.P.

NOTE ON THE GUITAR ACCOMPANIMENTS

The guitar accompaniments have been designed as far as possible to follow the harmony of the piano throughout. However, in some cases this has not proved possible, for reasons of difficulty or unsuitability for the guitar, and in certain songs the original key has had to be transposed. If these songs are sung to the guitar, it will be found as is true for most folk accompaniments, that the simple arppegiated chord will probably provide the best effect, allowing the melody and words to sing and speak for themselves. Many of the songs are built basically around a single chord; for these, the guitarist need only provide certain note changes within that chord to give the feel of a harmonic change without actually altering the chord itself. In many cases, where the guitar key is D, the 6th string E may be tuned down a tone to D to give extra depth to the chord. These have been indicated where appropriate.

Some points on the notation:
(i) Chords are indicated over the stave in the normal manner of simple guitar accompaniments, and are intended to be played with open strings wherever possible, the barré position being avoided.
(ii) Small letters beneath a chord indicate the bass note of that particular chord,
  eg: G_d indicates G major with the D in the bass.

However, in the majority of cases the small letter will indicate a note outside the triad of the previous chord:
  eg: D_e will mean the D chord with the note E sounded. These are extremely simple to play, and have explanatory footnotes wherever they occur. (See Table 2 for complete list of these chords.)
(iii) (—) indicates no chord sounding.

MARGOT TOPLIS

1. TABLE OF BASIC CHORDS USED IN THE GUITAR ACCOMPANIMENTS

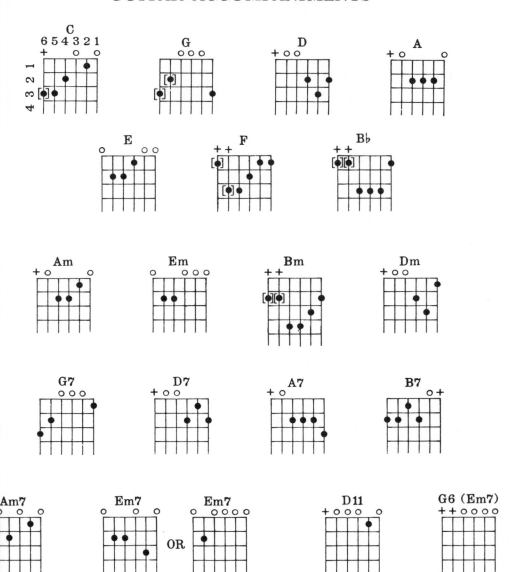

o indicates open string
+ indicates string not played

2. TABLE OF OTHER CHORDS USED IN THE GUITAR ACCOMPANIMENTS

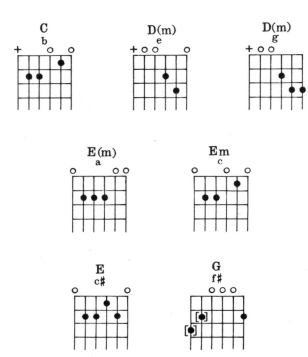

o indicates open string
+ indicates string not played

marching songs

AUPRÈS DE MA BLONDE

Blonde honey beside me

Répandue dans toute la France
General throughout France

Au — près de ma blon — de   Qu'il fait bon, fait bon, fait bon,
Blonde   ho—ney be — side   me,   I   love you, I   do, I   do,

Au — près de ma blon — de   Qu'il   fait   bon   dor — mir!____
Blonde   ho—ney be — side   me,   Sleep's   a   bliss   for   two!____

1 Dans les jardins d(e) mon père } bis
    Les lilas sont fleuris,
Tous les oiseaux du monde
    Vienn(ent) y faire leurs nids.
Auprès de ma blonde
Qu'il fait bon, fait bon, fait bon,
Auprès de ma blonde
Qu'il fait bon dormir!

2 Tous les oiseaux du monde } bis
    Vienn(ent) y faire leurs nids,
La caill(e), la tourterelle,
    Et la jolie perdrix.
Auprès de ma blonde, etc.

3 La caill(e), la tourterelle, } bis
    Et la jolie perdrix,
Et ma jolie colombe
    Qui chante jour et nuit.
Auprès de ma blonde, etc.

4 Et ma jolie colombe } bis
    Qui chante jour et nuit,
Qui chante pour les filles
    Qui n'ont pas de mari.
Auprès de ma blonde, etc.

1 Within my father's garden } twice
    The lilacs bloom their best,
And all the birds of nature
    Come there to build their nests.
Blonde honey beside me,
I love you, I do, I do,
Blonde honey beside me,
Sleep's a bliss for two!

2 And all the birds of nature } twice
    Come in to build their nests,
The quail, the pretty wood dove,
    The partridge gaily drest.
Blonde honey, etc.

3 The quail, the pretty wood dove, } twice
    The partridge gaily drest,
And my melodious ring dove
    Sings day and night at rest.
Blonde honey, etc.

4 And my melodious ring dove } twice
    Sings day and night at rest.
She sings for girls unmarried,
    Who sleep all uncaressed.
Blonde honey, etc.

5 Qui chante pour les filles
    Qui n'ont pas de mari, } *bis*
Pour moi ne chante guère,
    Car j'en ai un joli.
Auprès de ma blonde, etc.

6 Pour moi ne chante guère
    Car j'en ai un joli. } *bis*
— Dites-nous donc, la belle,
    Où donc est votr(e) mari?
Auprès de ma blonde, etc.

7 — Dites-nous donc, la belle,
    Où donc est votr(e) mari? } *bis*
— Il est dans la Hollande,
    Les Hollandais l'ont pris.
Auprès de ma blonde, etc.

8 — Il est dans la Hollande,
    Les Hollandais l'ont pris. } *bis*
— Que donneriez-vous, belle,
    Pour avoir votre ami?
Auprès de ma blonde, etc.

9 — Que donneriez-vous, belle,
    Pour avoir votre ami? } *bis*
— Je donnerais Versailles,
    Paris et Saint-Denis.
Auprès de ma blonde, etc.

10 — Je donnerais Versailles,
    Paris et Saint-Denis, } *bis*
Les tours de Notre-Dame,
    Et l(e) clocher d(e) mon pays.
Auprès de ma blonde, etc.

11 Les tours de Notre-Dame,
    Et l(e) clocher d(e) mon pays, } *bis*
Et ma jolie colombe,
    Pour avoir mon ami.
Auprès de ma blonde, etc.

Voir une autre version: 'Au jardin de mon père' (page 17).

5 She sings for girls unmarried
    Who sleep all uncaressed, } *twice*
Her song is not for me, though,
    Because my love's the best.
Blonde honey, etc.

6 Her song is not for me, though,
    Because my love's the best. } *twice*
Fair one, why are you single,
    Unmarried, unpossessed?
Blonde honey, etc.

7 Fair one, why are you single,
    Unmarried, unpossessed? } *twice*
My love's away in Holland,
    He's under Dutch arrest.
Blonde honey, etc.

8 My love's away in Holland,
    He's under Dutch arrest. } *twice*
What would you give, you fair one,
    To have him you love best?
Blonde honey, etc.

9 What would you give, you fair one,
    To have him you love best? } *twice*
I'd give Versailles and Paris,
    Saint-Denis and the rest.
Blonde honey, etc.

10 I'd give Versailles and Paris,
    Saint-Denis and the rest, } *twice*
The towers of Notre-Dame
    And the belfry I know best.
Blonde honey, etc.

11 The towers of Notre-Dame
    And the belfry I know best, } *twice*
And too, my pretty ring dove
    For him I love the best.
Blonde honey, etc.

For another version, see 'Within my father's garden' (page 17).

LES NEUF FILLES
The nine daughters

Rhythmically (♩.=112)

Alsace

1 Chez mon pèr(e) nous é - tions neuf fil - les, Chez mon pèr(e)
1 Nine daugh-ters we, my fa - ther's fa - mily, Nine daugh-ters

nous é - tions neuf fil - les, Tou - tes les neuf jeunes et gen -
we, my fa - ther's fa - mily, Nine of us girls all young and

til - les, Tou - tes les neuf jeunes et gen - til - les. Y a - vait
come - ly, Nine of us girls all young and come - ly. There was

4

1 Chez mon per(e) nous étions neuf filles, *bis*
　Toutes les neuf jeunes et gentilles.　　*bis*
　　　Y[1] avait Sem, y'avait Sim,
　　　Y avait Tem, Tam, Tim,
　　　Y avait Louise et Martine,
　　　Y avait Domini Malo,
　　　　Y avait la belle Coelino.

2 Le fils du roi passa par là　　*bis*
　Toutes les neuf les salua.　　*bis*
　　　Salua Sem, salua Sim,
　　　Salua Tem, Tam, Tim,
　　　Salua Louise et Martine,
　　　Salua Domini Malo,
　　　　Embrassa la belle Coelino.

3 Le fils du roi les habilla,　　*bis*
　Toutes les neuf les habilla.　*bis*
　　　De noir Sem, de noir Sim,
　　　De noir Tem, Tam, Tim,
　　　De noir Louise et Martine,
　　　De noir Domini Malo,
　　　　Et de blanc la belle Coelino.

4 Le fils du roi les maria,　　*bis*
　Toutes les neuf les maria.　　*bis*
　　　Maria Sem, maria Sim,
　　　Maria Tem, Tam, Tim,
　　　Maria Louise et Martine,
　　　Maria Domini Malo,
　　　　Epousa la belle Coelino.

[1] Dans tout le refrain, le 'il' de l'expression 'il y avait' a été supprimé.

Cette chanson, fort populaire au XVIIe siècle, fut transformée plus tard en l'honneur de Anne de Bourbon-Condé, que le duc du Maine, fils de Louis XIV et de Madame de Montespan, épousa en 1692, et les neuf filles devinrent alors dix:

　　　Y avait Dine, y avait Chine,
　　　Y avait Claudine et Martine,
　　　Catherinette et Catherine,
　　　Y avait la belle Suzon,
　　　La duchesse de Montbazon,
　　　Y avait Célimène,
　　　Et y avait la du Maine.

1 Nine daughters we, my father's family　*twice*
　Nine of us girls all young and comely.　*twice*
　　　There was Sem, there was Sim,
　　　There were Tem, Tam, Tim,
　　　There were Louise and Martine,
　　　There was Domini Malo,
　　　　And there was the lovely Coelino.

2 When the King's son passed by that way, *twice*
　He greeted all the nine Good-day.　　*twice*
　　　Greeted Sem, greeted Sim,
　　　Greeted Tem, Tam, Tim,
　　　Greeted Louise and Martine,
　　　Greeted Domini Malo,
　　　　And he kissed the lovely Coelino.

3 Then the King's son returned and tarried, *twice*
　Clothing for all the nine he carried.　*twice*
　　　Black for Sem, black for Sim,
　　　Black for Tem, Tam, Tim,
　　　Black for Louise and Martine,
　　　Black for Domini Malo,
　　　　White was for the lovely Coelino.

4 Then the King's son these nine girls
　　　　married,　　　　　　*twice*
　All of the nine he took and married.　*twice*
　　　Married Sem, married Sim,
　　　Married Tem, Tam, Tim,
　　　Married Louise and Martine,
　　　Married Domini Malo.
　　　　But he wed the lovely Coelino.

An elision is made in "y'avait" for "il y avait".

This song, very popular in the 17th century, was later re-cast in honour of Anne de Bourbon-Condé, whom the Duc du Maine, son of Louis XIV and Madame de Montespan, married in 1692. Accordingly, the nine girls became ten as recounted in the version of the rhyme in the French footnote, with the allusion to the marriage in the last line.

　　　Y avait Dine, y avait Chine,
　　　Y avait Claudine et Martine,
　　　Catherinette et Catherine,
　　　Y avait la Belle Suzon,
　　　La Duchesse de Montbazon,
　　　Y avait Célimène,
　　　Et y avait la du Maine.

NOUS ÉTIONS TROIS FILLES

We were three gay girls

Guitar key: G

Light, rhythmical (♩=112)

1 Nous é – tions trois fil – les, Trois à ma – ri – er;
1 We were three gay girls, For mar–riage ripe, all three;

Nous nous en al – lâ – mes dans un pré___ dan – ser. *Dans le*
We went off to dance All in a mea – dow___ green. *In the*

pré, mes com – pa – gnes, Qu'il fait bon dan – ser!
field, my com – pan – ions, Dance up – on the green!

1 Nous étions trois filles,   } bis
   Trois à marier;
Nous nous en allâmes
   Dans un pré danser.
Dans le pré, mes compagnes,
   Qu'il fait bon danser!

2 Nous nous en allâmes   } bis
   Dans un pré danser;
Nous fîmes rencontre
   D'un joli berger.
Dans le pré, mes compagnes,
   Qu'il fait bon danser!

3 Nous fîmes rencontre   } bis
   D'un joli berger.
Il prit la plus jeune,
   Voulut l'embrasser.
Dans le pré, mes compagnes,
   Qu'il fait bon danser!

4 Il prit la plus jeune,   } bis
   Voulut l'embrasser.
Nous nous mîmes toutes
   A l'en empêcher.
Dans le pré, mes compagnes,
   Qu'il fait bon danser!

5 Nous nous mîmes toutes   } bis
   A l'en empêcher.
Le berger timide
   L'a laissé aller.
Dans le pré, mes compagnes,
   Qu'il fait bon danser!

6 Le berger timide   } bis
   L'a laissé aller.
Nous nous écriâmes:
   "Ah! le sot berger!"
Dans le pré, mes compagnes,
   Qu'il fait bon danser!

7 Nous nous écriâmes: } bis
   "Ah! le sot berger!
Quand on tient les filles,
   (Il) faut les embrasser!"
Dans le pré, mes compagnes,
   Qu'il fait bon danser!

1 We were three gay girls   } twice
   For marriage ripe; all three,
We went off to dance
   All in a meadow green.
In the field, my companions,
   Dance upon the green!

2 We went off to dance   } twice
   All in a meadow green;
And we met a shepherd,
   Prettiest ever seen.
In the field, my companions,
   Dance upon the green!

3 And we met a shepherd,   } twice
   Prettiest ever seen,
He approached the youngest,
   So to kiss his queen.
In the field, my companions,
   Dance upon the green!

4 He approached the youngest,   } twice
   So to kiss his queen,
We all made to stop him,
   Or it would have been.
In the field, my companions,
   Dance upon the green!

5 We all made to stop him,   } twice
   Or it would have been.
The shy shepherd, fearful,
   Then released his queen.
In the field, my companions,
   Dance upon the green!

6 The shy shepherd, fearful,   } twice
   Then released his queen.
And we all exclaimed there,
   "O the naughty swain!"
In the field, my companions,
   Dance upon the green!

7 And we all exclaimed there,   } twice
   "O the naughty swain!
When you've caught your quarry,
   Kiss and hold your gain!"
In the field, my companions,
   Dance upon the green!

EN PASSANT PAR LA LORRAINE

As I journeyed by Lorraine

Springy and martial (♩=112)

Lorraine

1 En pas-sant par la Lor-rai-ne,
1 As I jour-neyed by Lor-raine, I

A-vec mes sa-bots, Ils m'ont ap-pe-lée vi-
wore my wood-en shoes, 'Slut' they called me as I

lai-ne, A-vec mes sa-bots, don-dai-ne,
passed them, With my wood-en shoes, don-dai-ne,

Oh! oh! oh! A-vec mes sa-bots.
Oh! oh! oh! With my wood-en shoes.

* Em7 = 1st 4 open strings

9

1 En passant par la Lorraine, } bis
  Avec mes sabots,
  Ils m'ont appelée vilaine,
  Avec mes sabots, dondaine,
  Oh! oh! oh!
  Avec mes sabots.

2 Je ne suis pas si vilaine, } bis
  Avec mes sabots,
  Puisque le fils du roi m'aime,
  Avec mes sabots, etc.

3 Il m'a donné pour étrennes, } bis
  Avec mes sabots,
  Un bouquet de marjolaine,
  Avec mes sabots, etc.

4 Je l'ai planté sous un chêne, } bis
  Avec mes sabots,
  S'il reprend je serai reine,
  Avec mes sabots, etc.

5 S'il n(e) reprend pas sous le chêne, } bis
  Avec mes sabots,
  J'y aurai perdu ma peine,
  Avec mes sabots, etc.

Voir une autre version: 'C'était Anne de Bretagne' (page 118).

1 As I journeyed by Lorraine } *twice*
  I wore my wooden shoes,
  "Slut" they called me as I passed them,
  With my wooden shoes, dondaine,
  Oh! oh! oh!
  With my wooden shoes.

2 But I'm really not a bad one, } *twice*
  In my wooden shoes,
  For I'm chosen by the King's son,
  With my wooden shoes, etc.

3 Handsel have I in his posy, } *twice*
  In my wooden shoes,
  Marjoram all fresh and rosy,
  With my wooden shoes, etc.

4 Safe it's sown beneath an oak tree, } *twice*
  In my wooden shoes,
  If it grows, his queen he'll make me,
  With my wooden shoes, etc.

5 If it's dead and hasn't lasted, } *twice*
  In my wooden shoes,
  All my effort will be wasted,
  With my wooden shoes, etc.

For another version, see 'It was Anne of Brittany' (page 118).

love

songs

JOLI MOIS DE MAI
Merry month of May

Guitar key: G

XVe siècle
15th century

Light and steady (♩=88)

Jo - li mois de mai, Quand re-vien-dras -
Mer-ry month of May, When'll you come a -

tu? Jo - li mois de mai, Quand re-vien-dras - tu?
gain? Mer - ry month of May, When'll you come a - gain?

Nous é -tions trois da-mes Sous un pom-mier doux. Di-sions l'une à
Un-der-neath the shad-y Ap-ple tree so sweet, We three dam - sels

l'au - tre: Com - pa - gne, tu dors.___
lay and mur-mured, Dear, you sleep.___

1 *Joli mois de mai,*
Quand reviendras-tu? } bis
Nous étions trois dames
Sous un pommier doux.
Disions l'une à l'autre :
Compagne, tu dors.

2 *Joli mois de mai,*
Quand reviendras-tu? } bis
Ça, dit la première,
Je crois qu'il fait jour.
Ça, dit la seconde,
J'entends le tambour.

3 *Joli mois de mai,*
Quand reviendras-tu? } bis
Ça, dit la seconde,
J'entends le tambour.
Ça, dit la troisième,
Ce sont nos amours.

4 *Joli mois de mai,*
Quand reviendras-tu? } bis
Ils vont à la guerre
Combattre pour nous.
Gagne la bataille,
Aura mes amours.

5 *Joli mois de mai,*
Quand reviendras-tu? } bis
Gagne la bataille,
Aura mes amours.
Qu'il perde ou qu'il gagne,
Les aura toujours.
Joli mois de mai,
Quand reviendras-tu? } bis

Cette histoire d'amour, qui se retrouve souvent dans l'Est de la France, n'est cependant d'aucun lieu en particulier. Certaines versions sont datées de 1715, mais il est évident que d'autres formes en sont beaucoup plus anciennes.

1 *Merry month of May,*
When'll you come again? } twice
Underneath the shady
Apple tree so sweet,
We three damsels lay and murmured,
Dear, you sleep.

2 *Merry month of May,*
When'll you come again? } twice
Ah, remarked the first one,
I think day has come.
Come, the second said,
I hear the little drum.

3 *Merry month of May,*
When'll you come again. } twice
Listen, said the second,
It's the drum I hear.
That, the third rejoined,
Means that our loves are near.

4 *Merry month of May,*
When'll you come again? } twice
To the wars they're off
To fight for you and me.
He who wins the battle
My true love shall be.

5 *Merry month of May,*
When'll you come again? } twice
He who wins the battle
My true love shall be.
If he wins or loses,
He shall still have me.
Merry month of May,
When'll you come again? } twice

This love song with burden in ring-dance form is frequently to be met with in eastern France, but it belongs to no special locality. Certain versions date from 1715; others are obviously considerably earlier.

ALLONS, ALLONS GAI, MA MIGNONNE

Come away, gay

Al – lons, al – lons gai, gai – e – ment,
Come a – way, a – way, gay and gay,

ma mi – gnon – ne, Al – lons, al – lons gai, gai – e –
lit – tle sweet – ing, Come a – way, a – way, gay and

ment, vous _____ et _ moi, vous et moi.
gay, gay, _____ gay, – both you and me.

14

1 Mon père a fait faire un châ - teau, Il est pe -
1 My fa - ther built a cas - tle fine, It's on - ly

tit, mais il est beau, Gai - e - ment, ma mi - gnon - ne,
lit - tle, but it's fine, Come a - way, lit - tle sweet - ing,

marked

Fine

Al - lons, al - lons gai, gai - e - ment, vous___ et moi.
Come a - way, a - way, go - ing gay, you___ and me.

1 *Allons, allons gai, gaiement, ma mignonne,*
Allons, allons gai, gaiement, vous et moi,
  vous et moi.
Mon père a fait faire un château,
Il est petit, mais il est beau,
Gaiement, ma mignonne,
Allons, allons gai, gaiement, vous et moi.

2 *Allons, etc.*
D'or et d'argent sont les créneaux,
Le roi n'en a point de si beau.
Gaiement, etc.

3 *Allons, etc.*
Et il a trois bien beaux chevaux.
L'un d'eux est gris, l'autre moreau.[1]
Gaiement, etc.

4 *Allons, etc.*
Mais le petit est le plus beau,
Ce sera pour aller jouer,
Gaiement, etc.

5 *Allons, etc.*
Pour ma mignonne et pour moi,
J'irai jouer sur le muguet.
Gaiement, etc.

6 *Allons, etc.*
Et j'y ferai un chapelet,[2]
Pour ma mignonne et pour moi.
Gaiement, etc.

[1] à poil noir luisant.
[2] couronne.
Une des versions de la chanson très répandue dans toutes les régions. Quelquefois on la retrouve mêlée à l'histoire du canard blanc tué par le fils de roi.

1 *Come away, away, gay and gay, little sweeting,*
Come away, away, gay and gay, gay, gay,
  both you and me.
My father built a castle fine,
It's only little, but it's fine,
Come away, little sweeting,
Come away, away, going gay, you and me.

2 *Come away, etc.*
Battlements silver, laid with gold,
None of the king's compares, I'm told.
Come away, etc.

3 *Come away, etc.*
He has a team of horses there,
One grey, one black, make up a pair.
Come away, etc.

4 *Come away, etc.*
But it's the small one is the best,
For sport and play at our behest.
Come away, etc.

5 *Come away, etc.*
Best does my sweeting play with me
Down by the lily of the valley.
Away, little sweeting,
Come away, etc.

6 *Come away, etc.*
I'll crown her with a garland free,
Fit for my sweeting and for me.
Come away, etc.

[1] with a black silky coat
[2] garland, crown
One of the various versions of a song common to all regions. Some versions give the legend of the white duck killed by the king's son.

16

AU JARDIN DE MON PÈRE
Within my father's garden

Languedoc

1 Au jar - din de mon pè - re Les
1 With - in my fa - ther's gar - den The

li - las sont fleu - ris, Tous les oi - seaux du
li - lacs bloom their best, And all the birds of

mon - de Vienn - (ent) y fai - re leur nid. *Au - près d(e)ma blon - de*
na - ture Come in to build their nests. *With my fair ho - ney*

Qu'il fait bon, bon, bon, bon, bon, Au - près d(e)ma blon - de Qu'il fait bon dor-mir!
It's so good to woo, to woo, With my fair ho - ney Sleep's a bliss for two!

1 Au jardin de mon père
   Les lilas sont fleuris,
Tous les oiseaux du monde
   Vienn(ent) y faire leur nid.
   Auprès d(e) ma blonde
   Qu'il fait bon, bon, bon, bon, bon,
   Auprès d(e) ma blonde
   Qu'il fait bon dormir!

2 Tous les oiseaux du monde
   Vienn(ent) y faire leur nid,
Ma caill(e), ma tourterelle,
   Et ma jolie perdrix.
   Auprès de ma blonde, etc.

3 Ma caill(e), ma tourterelle,
   Et ma jolie perdrix,
Et ma jolie colombe
   Qui chante jour et nuit.
   Auprès de ma blonde, etc.

4 Et ma jolie colombe
   Qui chante jour et nuit.
Qui chante pour les filles
   Qui n'ont point de mari.
   Auprès de ma blonde, etc.

5 Qui chante pour les filles
   Qui n'ont point de mari.
Pour moi, ne chante guère,
   Car j'en ai un joli.
   Auprès de ma blonde, etc.

6 Pour moi, ne chante guère,
   Car j'en ai un joli.
Mais ne suis pas contente,
   Car il n'est pas ici.
   Auprès de ma blonde, etc.

7 Mais ne suis pas contente,
   Car il n'est pas ici,
Il est dans la Hollande,
   Les Hollandais l'ont pris.
   Auprès de ma blonde, etc.

8 Il est dans la Hollande,
   Les Hollandais l'ont pris.
— Que donneriez-vous, belle,
   Pour avoir un mari?
   Auprès de ma blonde, etc.

1 Within my father's garden
   The lilacs bloom their best,
And all the birds of nature
   Come in to build their nests.
   With my fair honey
   It's so good to woo, to woo,
   With my fair honey
   Sleep's a bliss for two!

2 And all the birds of nature
   Come in to build their nests,
My quail, my turtle dove,
   And my partridge gaily drest.
   With my fair honey, etc.

3 My quail, my turtle dove,
   And my partridge gaily drest,
And too, my pretty ring dove
   Who sings always at rest.
   With my fair honey, etc.

4 And too, my pretty ring dove
   Who sings always at rest,
Who sings for girls unmarried,
   Who sleep all uncaressed.
   With my fair honey, etc.

5 Who sings for girls unmarried,
   Who sleep all uncaressed.
Her song is not for me, though,
   Because my love's the best.
   With my fair honey, etc.

6 Her song is not for me, though,
   Because my love's the best;
But I am sad and lonely
   Because he's sore opprest.
   With my fair honey, etc.

7 But I am sad and lonely
   Because he's sore opprest;
He's far away in Holland,
   And under Dutch arrest.
   With my fair honey, etc.

8 He's far away in Holland,
   And under Dutch arrest.
What would you give, my fair one?
   For him you love the best?
   With my fair honey, etc.

9 Que donneriez-vous, belle,
   Pour avoir un mari?
   — Je donnerais Versailles,
   Paris et Saint-Denis!
   Auprès de ma blonde, etc.

10 Je donnerais Versailles,
    Paris et Saint-Denis!
    Les tours de Notre-Dame,
    Le clocher d(e) mon pays!
    Auprès de ma blonde, etc.

Les Hollandais étaient entrés dans l'Alliance contre Louis XIV, après Nimègue, et furent victorieux à la Hague, en 1692.

Voir autre version (page 1).

9 What would you give, my fair one,
   For him you love the best?
   I'd give Versailles and Paris,
   Saint-Denis and the rest!
   With my fair honey, etc.

10 I'd give Versailles and Paris,
    Saint-Denis and the rest,
    The towers of Notre-Dame,
    And the belfry I know best!
    With my fair honey, etc.

The Dutch were in alliance against Louis XIV after Nimegen, and in 1692 were victorious at the Hague.

Another version (page 1).

JEAN RENAUD

Jean Renaud

Normandie

Sombre (♩.=46)

1 Quand Jean Re - naud de guer - re r(e)vint, Te - nait ses
1 When Jean Re - naud came to his land, His wounds a -

tri - pes dans ses mains. Sa mère à la fe - nêtre en
gape be - neath his hand, His mo - ther cried from her win -

haut: "Voi - ci ve - nir mon fils Re - naud."
dow: "Here is my son, my Jean Re - naud."

1 Quand Jean Renaud de guerre r(e)vint,
Tenait ses tripes dans ses mains.
Sa mère à la fenêtre en haut:
"Voici venir mon fils Renaud."

2 — Bonjour Renaud, bonjour mon fils,
Ta femme est accouchée d'un fils!
— Ni de ma femme, ni de mon fils,
Je ne saurai me réjouir.

3 Que l'on me fass(e) vite un lit blanc,
Pour que je m'y couche dedans.
Et quand ce vint sur le minuit,
Le beau Renaud rendit l'esprit.

4 — Dites-moi, ma mère, ma mie,
Qu'est-c(e) que j'entends pleurer ici?
— C'est un p(e)tit pag(e) qu'on a fouetté
Pour un plat d'or qu'est égaré.

1 When Jean Renaud came to his land,
His wounds agape beneath his hand,
His mother cried from her window:
"Here is my son, my Jean Renaud."

2 "Welcome, Renaud, Godspeed dear one,
Your wife has borne to you a son."
"Not of my wife, not of my son,
Can I partake of my welcome."

3 "Make up a white bed soon", he said,
"That in it then I may be laid."
And on the stroke of black midnight,
Comely Renaud gave up his sprite.

4 "Tell me, O my mother, my dear,
What are these knocking sounds I hear?"
"It is a page crying you hear,
For a gold plate beaten, I fear."

5 — Dites-moi, ma mère, ma mie,
Qu'est-c(e) que j'entends cogner ici?
— Ma fille, ce sont les maçons,
Qui raccommodent la maison.

6 — Dites-moi, ma mère, ma mie,
Quell(e) robe mettrai-je aujourd'hui?
— Mettez le blanc, mettez le gris,
Mettez le noir pour mieux choisir.

7 Dites-moi, ma mère, ma mie,
Irai-je à la messe aujourd'hui?
—Ma fille, attendez à demain,
Et vous irez pour le certain.

5 "Tell me, O my mother, my dear,
What are these blows ringing I hear?"
"Daughter, you hear the masons' din,
Working upon our house within."

6 "Tell me, O my mother, my dear,
Which dress today should I wear best?"
"Wear you the white, wear you the grey,
Wear you the black to greet this day."

7 "Tell me, O my mother, my dear,
Shall I this day Holy Mass hear?"
"Daughter, be still. Peace. Bide your time,
You shall hear Mass ere morrow's
    prime."

8 Quand ell(e) fut dans les champs allée,
Trois p(e)tits garçons s(e) sont écriés:
— Voilà la femm(e) de ce seigneur
Qu'on enterra hier à trois heur(es).

9 Quand ell(e) fut dans l'église entrée,
D(e) l'eau bénite on y a présenté;
Et puis, levant les yeux en haut,
Elle aperçut le grand tombeau.

10 — Dites-moi, ma mère, ma mie,
Qu'est-c(e) que c(e) tombeau-là signifie?
— Ma fille, je n(e) puis vous l(e) cacher:
C'est vot(re) mari qu(i) est trépassé!

11 — Renaud, Renaud, mon réconfort,
Te voilà donc au rang des morts!
Renaud, Renaud, mon réconfort,
Te voilà donc au rang des morts!

12 — Terre, ouvre-toi! Terre, fends-toi!
Que j'aille avec Renaud, mon Roi!
Terre s'ouvrit, terre fendit,
Et la belle rendit l'esprit. . . .

8 As to the mead she made her way,
Three little boys cried out at play:
"There walks the wife of that fair lord,
Yest'reen at three laid 'neath the sward."

9 As to the church she took her way
And holy water took she to pray;
She lifted up her eyes on high,
And the great tomb there did espy.

10 "Tell me, O my mother, my dear,
What is this tomb I behold here?"
"Daughter, I can no longer sin:
Your lord is dead. He lies within."

11 "Renaud, Renaud, my life, my breath,
Housed are you now in ranks of death!
Renaud, Renaud, my life, my breath,
Housed are you now in ranks of death!

12 "Earth, open wide! Earth, dissolve, O!
That with my King Renaud I go!"
Earth at her feet cleft open wide:
And the fair wife gave up her sprite. . . .

Les nombreuses versions de cette admirable complainte sont toutes apparentées à cinq chants: un gwerz armoricain, une chanson basque, une canzone vénitienne, un chant catalan et une romance espagnole, eux-mêmes issus d'une souche scandinave.

The numerous versions of this fine lament are related to five basic sources: an Armorican gwerz , a Basque folk song, a Venetian canzone, a Catalan song and a Spanish romanza, themselves stemming from a common Scandinavian stock.

A LA CLAIRE FONTAINE

Hard by the crystal fountain

<table>
<tr><td>

1 A la claire fontaine,
  M'en allant promener,
  J'ai trouvé l'eau si belle
  Que je m'y suis baigné.
  Il ya longtemps que je t'aime,
  Jamais je ne t'oublierai.

2 Sous les feuilles d'un chêne
  Je me suis fait sécher.
  Sur la plus haute branche
  Le rossignol chantait.
  Il y a longtemps, etc.

3 Chante, rossignol, chante,
  Toi qui as le coeur gai,
  Tu as le coeur à rire . . .
  Moi, je l'ai à pleurer.
  Il y a longtemps, etc.

4 J'ai perdu mon amie
  Sans l'avoir mérité,
  Pour un bouquet de roses
  Que je lui refusai.
  Il y a longtemps, etc.

5 Je voudrais que la rose
  Fût encore à planter,
  Et que ma douce amie
  Fût encore à m'aimer.
  Il y a longtemps, etc.

</td><td>

1 Hard by the crystal fountain,
  I went to take the air,
  The water was so pretty
  I dipped my body there.
  Long is the time I have loved you,
  Oh never can I forget.

2 Under a leafy oak tree
  I made my body dry.
  High in its topmost branches
  The nightingale did cry.
  Long is the time, etc.

3 Sing, nightingale, so sweetly,
  You that are gay of heart . . .
  Happiness is your portion,
  Tears now are all my part.
  Long is the time, etc.

4 Gone is my lovely true love,
  Not my fault, I aver,
  But for a bunch of roses
  I wouldn't give to her.
  Long is the time, etc.

5 Would that the rose still blossomed,
  Still ripe for planting were,
  And that my lovely true love
  Loved me again so dear.
  Long is the time, etc.

</td></tr>
</table>

Certaines versions doivent avoir été composées vers le milieu du XVIIe siècle. On en trouve le texte dans le 'Chansonnier de Ballard', daté de 1704, et le mot 'fatigué', qui termine le second vers de ces versions, n'apparaît dans la langue courante qu'au cours du XVIIe siècle, après avoir été utilisé au XVIe siècle par les écrivains qui l'empruntèrent au latin.

Some versions of this song date from the mid-17th century. The text is in the Chansonnier de Ballard, 1704. It is possible to date it approximately, as the word 'fatigué' which occurs in the older version, came into use in the French language in the 16th century, adopted by writers from the Latin.

LA PERDRIOLE
The partridge

Franche-Comté

Gaily (♩ = 116)

1 Le pre - mier jour de mai, Que
2 se - cond, etc.
3 troi - sièm(e), etc.

1 Up - on the first of May, What
2 - on the se - cond, etc.
3 - on the third, etc.

donn(e) - rai-je à ma mi - e? Le mi - e?
shall I give my true love? Up - true love? A

U - ne per - dri - o - le, Qui va, qui vient, qui
par - tridge hen to flut - ter, A par - tridge for my

*Em chord with the note A on the 2nd fret of the 3rd string

1 Le premier jour de mai,
   Que donn(e)rai-je à ma mie ? } *bis*
   Une perdriole
   Qui va, qui vient, qui vole,
   Une perdriole
   Qui vole dans nos bois

2 Le second jour de mai,
   Que donn(e)rai-je à ma mie ? } *bis*
   Deux chiens courants,
   Une perdriole, etc.

3 Le troisièm(e) jour de mai,
   Que donn(e)rai-je à ma mie ? } *bis*
   Trois lapins grattant la terr(e),
   Deux chiens courants,
   Une perdriole, etc.

4 Le quatrièm(e) jour de mai,
   Que donn(e)rai-je à ma mie ? } *bis*
   Quatre pigeons volant en l'air,
   Trois lapins grattant la terr(e),
   Deux chiens courants,
   Une perdriole, etc.

5 Le cinquièm(e) jour de mai,
   Que donn(e)rai-je à ma mie ? } *bis*
   Cinq moutons bêlant au pré,
   Quatre pigeons volant en l'air,
   Trois lapins grattant la terr(e),
   Deux chiens courants,
   Une perdriole, etc.

Chanson énumérative qui a une valeur d'incantation. La répétition des dons à chaque couplet, avant l'offre d'une quantité encore plus grande de cadeaux, renforce cette valeur d'incantation.

1 Upon the first of May,
   What shall I give my true love ? } *twice*
   A partridge hen to flutter,
   A partridge for my lover,
   A partridge bird to flutter
   And fly about our woods.

2 Upon the second of May,
   What shall I give my true love ? } *twice*
   Two dogs running,
   A partridge hen . . . etc.

3 Upon the third of May,
   What shall I give my true love ? } *twice*
   Three rabbits scratching the earth,
   Two dogs running,
   A partridge hen . . . etc.

4 Upon the fourth of May,
   What shall I give my true love ? } *twice*
   Four pigeons flying overhead,
   Three rabbits scratching the earth,
   Two dogs running,
   A partridge hen . . . etc.

5 Upon the fifth of May,
   What shall I give my true love ? } *twice*
   Five sheep bleating in the field,
   Four pigeons flying overhead,
   Three rabbits scratching the earth,
   Two dogs running,
   A partridge hen . . . etc.

A cumulative song significant as incantation, the effect heightened in each verse as the re-iteration of gifts leads on to the offer of something even greater.

songs of

marriage

CHANSON DE LA MARIÉE

The bride's song

Vous voi - là donc li - é - e, Ma - dam(e) la ma - ri - é - e A-
So now you are u - ni - ted, Our bon - ny bride de - light - ed, With-

vec un li - en d'or__ Qui ne se dé - lie qu'à la mort.__
in your bond of gold,__ Till death, yours to have and to hold.__

1 Nous somm(es) venus vous voir
Du fond de nos villages,
Pour vous souhaiter ce soir
Un heureux mariage,
A monsieur votre époux,
Aussi bien comme à vous,
Vous voilà donc liée,
Madam(e) la mariée
Avec un lien d'or
Qui ne se délie qu'à la mort.

2 Avez-vous écouté
Ce que vous dit le maire?
A dit la vérité:
Obéir et se taire,

1 Tonight we've come to call
From homely hearth and rafter,
To wish you from us all:
Live happy ever after;
And for your bridegroom too,
We wish it as for you.
So now you are united,
Our bonny bride delighted
Within your bond of gold,
Till death, yours to have and to hold.

2 Did you mark well the words
The mayor spoke at your nuptials?
Obey; be seen not heard;
Be faithful to your husband.

Fidèle à votre époux,
Et l'aimer comme vous.
Vous voilà donc liée, etc.

3 Quand on dit: son époux,
On dit souvent: son maître.
Ils ne sont pas si doux
Comme ils ont promis d'être.
Il faut leur conseiller
De se mieux rappeler.
Vous voilà donc liée, etc.

4 Vous n'irez plus au bal,
Madame la Mariée,
Danser sous le fanal,
Dans nos jeux d'assemblée.
Garderez la maison,
Tandis que nous irons.
Vous voilà donc liée, etc.

5 Si vous avez, Bretons,
Des boeufs dans vos herbages,
Des brebis, des moutons,
Du lait et du fromage,
Il faut soir et matin
Veiller à tout ce train.
Vous voilà donc liée, etc.

6 Recevez ce gâteau
Que ma main vous présente;
Prenez-en un morceau,
Pour vous faire comprendre
Qu'il faut, pour se nourrir,
Travailler et souffrir.
Vous voilà donc liée, etc.

7 Recevez ce bouquet
Que ma main vous présente,
Et sachez qu'il est fait,
Afin de vous apprendre
Que tous les vains honneurs
Passent comme des fleurs.
Vous voilà donc liée, etc.

Both timely words and true,
To love him as yourself loves you.
So now you are united, etc.

3 But when one says: my man,
One often means: my master.
They change since they began,
And chide you ever faster.
So counsel them always
To mind and to mend their ways.
So now you are united, etc.

4 You'll to the dance no more,.
You're housebound and at home now;
Soft lantern-lit the floor,
But you don't dance with us now,
For you must keep your house
While we go around and carouse.
So now you are united, etc.

5 As Bretons, if you keep
Good ewes and lambs and oxen,
And milk and cheese and sheep,
And grass to feed your flocks on,
Remember: day and night,
To see that they're all right.
So now you are united, etc.

6 Accept our gift of cake
Which now we beg to give you,
So you see, for your sake,
In token that to live, you
Must eat but mustn't shirk
To suffer, to weep, and to work.
So now you are united, etc.

7 Receive our best bouquet
Which now we beg to give you,
In token on this day,
That if you learn to live, you
Accept that vain delight
Like flow'rs, withers fast overnight.
So now you are united, etc.

Les noces en France sont toujours accompagnées de chansons, et encore maintenant, il est d'usage de chanter au repas de mariage. Mais les anciennes coutumes qui précédaient ou suivaient la cérémonie ont évidemment disparu dans presque toutes les provinces.

La chanson de la mariée était un de ces rites de passage, qui accompagnaient tout changement de place, d'état, de situation sociale et d'âge. On en trouve des variantes très nombreuses dans presque toutes les régions.

Weddings in France are occasions for song, and still today it is the rule to sing at the marriage feast, though in practically every province the old customs associated with the ceremony have inevitably disappeared. The Bride's Song was one of the rites of transit which accompanied change of place and circumstance. Many variants are to be found in nearly all parts of the country.

LA MAUMARIEE

The ill-wed wife

Bourgogne

Sad and bleak (♩=63)

1 Mon pè-re tôt m'a ma-ri - ée, Il est temps de nous en al-
1 My fa-ther mar - ried me for ill, It's time for us to go a-

ler, M'a ma-ri - ée bien tris- te - ment, *Al - lons-nous -*
way, He mar - ried me a-gainst my will, *Let us be*

en, *Il est temps de nous en al - ler, La nuit nous prend.*
off, *It's time for us to go a - way, Night claims us home.*

1 Mon père tôt m'a mariée,
  Il est temps de nous en aller,
  M'a mariée bien tristement,
  Allons-nous-en,
  Il est temps de nous en aller,
  La nuit nous prend.

2 Dans le coffre, il m'a enfermée,
  Il est temps de nous en aller,
  Il m'a enfermée bien souvent,
  Allons-nous-en, etc.

3 Il m'y laissait longtemps pleurer,
  Il est temps de nous en aller,
  Longtemps pleurer cruellement,
  Allons-nous-en, etc.

4 A la grand(e) foire il s'est sauvé,
  Il est temps de nous en aller,
  Il s'est sauvé bien fort jurant,
  Allons-nous-en, etc.

5 Mais il n'en a rien rapporté,
  Il est temps de nous en aller,
  Rien rapporté de bien plaisant,
  Allons-nous-en, etc.

6 O bonne mort, tends-moi les bras,
  Il est temps de nous en aller,
  Tes bras que je me jett(e) dedans,
  Allons-nous-en, etc.

7 Quand la violette fleurira,
  Il est temps de nous en aller,
  Fleurira au premier beau temps,
  Allons-nous-en, etc.

8 Dans la grande herb(e) je dormirai,
  Il est temps de nous en aller,
  Je dormirai pour bien longtemps,
  Allons-nous-en, etc.

1 My father married me for ill,
  It's time for us to go away,
  He married me against my will,
  Let us be off,
  It's time for us to go away,
  Night claims us home.

2 He shut me up inside the chest,
  It's time for us to go away,
  Shut often there at his behest,
  Let us be off, etc.

3 He left me there long time to cry,
  It's time for us to go away,
  To cry my heart out lest I die,
  Let us be off, etc.

4 To the big fair he went away,
  It's time for us to go away,
  He cursed and swore and rued the day,
  Let us be off, etc.

5 No fairings he brought home to me,
  It's time for us to go away,
  No pretty thing to cheer and see,
  Let us be off, etc.

6 O kindly death, stretch out your arms,
  It's time for us to go away,
  That I may shelter there from harm,
  Let us be off, etc.

7 When next in sunny days again,
  It's time for us to go away,
  The violet blossoms in the lane,
  Let us be off, etc.

8 In the long grass I'll lie asleep,
  It's time for us to go away,
  My slumbers many a moon will keep,
  Let us be off, etc.

Une des nombreuses chansons de 'Mau-mariées',[1] dont le thème, malgré son origine bourguignonne, fut très répandu dans de nombreuses régions.

[1] mal mariées.

One of the numerous songs of unhappy wives (maumariée=the ill-married); a theme, which though here of Burgundian origin, is to be found in many other districts.

MON PÈRE M'A MARIÉE

By my father I was led

Spirited (♩=88)

1 Mon pè - re m'a ma - ri - ée A - vec
1 By my fa - ther I was led Up the

un vieil - lard ja - loux. Quand ce vint le len - de -
gar - den path to wed. Jeal - ous, old, next day he

main, M'en - voy - a plan - ter des choux; Vi -
said, Go and plant the cab - bage bed; Must

vrai - je en pei - ne, Lan - gui - rai - je tou - jours?
I en - dure it, And lan - guish on and on?

1 Mon père m'a mariée
  Avec un vieillard jaloux. }*bis*
  Quand ce vint le lendemain,
  M'envoya planter des choux;
  Vivrai-je en peine,
  Languirai-je toujours?

2 Quand ce vint le lendemain,
  M'envoya planter des choux. }*bis*
  Mon ami passant par là:
  Planterai-je avec vous?
  Vivrai-je en peine, etc.

3 Mon ami passant par là:
  Planterai-je avec vous? }*bis*
  Plantez-y, si vous voulez,
  Mais du moins dépêchez-vous.
  Vivrai-je en peine, etc.

4 Plantez-y, si vous voulez,
  Mais du moins dépêchez-vous. }*bis*
  A la porte, dit le vieillard,
  Qui regarde par un trou.
  Vivrai-je en peine, etc.

5 A la porte, dit le vieillard.
  Qui regarde par un trou. }*bis*
  Que malepeste est ceci,
  Plante-t-on ainsi des choux?
  Vivrai-je en peine, etc.

6 Que malepeste est ceci,
  Plante-t-on ainsi des choux? }*bis*
  Plantez-les à votre goût,
  On les plante ainsi chez nous!
  Vivrai-je en peine, etc.

Une autre chanson de la catégorie des 'Mau-mariées',[1] où se chantent les plaintes des jeunes femmes obligées, souvent pour des raisons purement matérielles, d'épouser un vieux ou un riche qui leur déplaît.

[1] mal mariées.

1 By my father I was led
  Up the garden path to wed. }*twice* .
  Jealous, old, next day he said,
  Go and plant the cabbage bed;
  Must I endure it,
  And languish on and on?

2 Jealous, old, next day he said,
  Go and plant the cabbage bed; }*twice*
  My good friend came into view;
  May I come and plant with you?
  Must I endure it, etc.

3 My good friend came into view;
  May I come and plant with you? }*twice*
  Plant and plant there all you will,
  But make haste and plant your fill.
  Must I endure it, etc.

4 Plant and plant there all you will,
  But make haste and plant your fill. }*twice*
  Out! the jealous old boy cried,
  Through a hole upon us spied.
  Must I endure it, etc.

5 Out! the jealous old boy cried,
  Through a hole upon us spied. }*twice*
  What the blazes, what is this?
  Plants one cabbages like this?
  Must I endure it, etc.

6 What the blazes, what is this?
  Plants one cabbages like this? }*twice*
  You can plant them as you please,
  Where I live, we plant like these!
  Must I endure it, etc.

Another Maumariée song, complaint of a young wife forced, according to the traditional system in France of parentally-arranged marriages, often for material considerations, to marry an old man or a rich one whom she despises.

QUAND J'ÉTAIS CHEZ MON PÈRE

Beneath my father's roof

Guitar: tune ⑥ to D

Orléanais

Decisive (♩=108)

1 Quand j'é-tais chez mon pèr(e) Gar - çon à ma - ri-
1 Be - neath my fa-ther's roof With thoughts of mar-ried

er, Je n'a-vais rien à fair(e) Qu'u - ne femme à cher-cher.
life, I had no-thing to do But to ac-quire a wife.

Ver - du - ron, ver-du-ro-net - te, Ver-du-ron, ron, ron, ron.
Val - ley on, val-ley-a-let - ter, Val-ley on, on, on, on.

1 Quand j'étais chez mon pèr(e)
  Garçon à marier,   *bis*
  Je n'avais rien à fair(e)
  Qu'une femme à chercher.
  Verduron, verduronette,   } *bis*
  Verduron, ron, ron, ron.

2 Maintenant qu(e) j'en ai un(e),
  Ell(e) me fait enrager.   *bis*
  Ell(e) m'envoie-t-à la chass(e),
  Sans boire ni manger.
  Verduron, etc.

3 Je reviens de la chass(e),
  Tout mouillé, tout crotté;   *bis*
  Je demande à ma femm(e)
  Ce qu'elle a pour manger.
  Verduron, etc.

4 Deux petites bécass(es),
  Plus un joli pâté,   *bis*
  Les os sont sur la tabl(e),
  Si tu veux les manger.
  Verduron, etc.

5 Madam(e) haussa la têt(e),
  Et se mit à chanter.   *bis*
  Monsieur baissa la têt(e),
  Et se mit à pleurer.
  Verduron, etc.

6 Maintenant qu'elle est mort(e),
  J'en suis débarrassé.   *bis*
  Je n'ai plus rien à fair(e)
  Qu'une femme à chercher.
  Verduron, etc.

C'était, parfois, un mal marié qui, à son tour, se plaignait. De nombreux recueils au XVIIe et au XVIIIe siècles contenaient de ces chansons, et Gaston Paris, dans ses 'Chansons du XVe siècle' en cite également plusieurs.

1 Beneath my father's roof
  With thoughts of married life, *twice*
  I had nothing to do
  But to acquire a wife.
  Valley-on, valley-a-letter, } *twice*
  Valley-on, on, on, on.

2 Now I have found a mate,
  She gets my temper up.   *twice*
  She sends me to the chase
  Without a bite or sup.
  Valley-on, etc.

3 When I return from sport
  All clobbered, wet, and beat,   *twice*
  I ask her to report
  On what there is to eat.
  Valley-on, etc.

4 Two woodcock there for you,
  Plus a select pâté,   *twice*
  The bones are there to chew,
  If you like them that way.
  Valley-on, etc.

5 At that she tossed her head,
  And broke into a song.   *twice*
  He bowed his head, nothing said,
  And wept both loud and long.
  Valley-on, etc.

6 And now she's dead, I'm through,
  And free of her for life.   *twice*
  I've nothing left to do
  But to acquire a wife.
  Valley-on, etc.

It was also, on occasion, an ill-wed husband who bemoaned his fate. A number of 17th- and 18th-century collections contain songs of this nature; Gaston Paris gives several examples in his 'Chansons du XVe siècle'.

VOULEZ-VOUS QUE JE VOUS DISE?

Shall I tell you what's amiss here?

Rhythmical, steady

1 Vou - lez - vous que je— vous di - se? Quand je
1 Shall I tell you what's a - miss here? By my

suis en ma— mai - son, Je me mets au coin du feu, la tê -
hearth, when I've— a mind There to ease my wear - y head, but a

te sur un— ti - son. S'il y a quel - que bon
fire - brand can— I find. But if there's a good bed

lit et— bien mol - let, Ma fem - me le gar - de - ra pour mon va -
soft and sweet for rest, My wife sees my va - let— ne - ver lacks the—

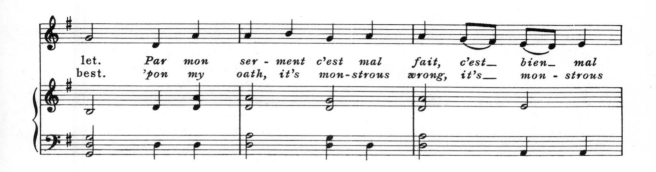

let.   Par   mon   ser - ment   c'est   mal   fait,   c'est__   bien__   mal
best.   'pon   my   oath,   it's   mon-strous   wrong,   it's__   mon - strous

fait,   Que   ma   fem-me   ne__   peut   vi - vre   sans   va - let!
wrong,   If   my   wife with-out__   my__   man   can't   get__   a - long!

1 Voulez-vous que je vous dise? Quand
    je suis en ma maison,
Je me mets au coin du feu, la tête sur
    un tison.
S'il y a quelque bon lit et bien mollet,
Ma femme le gardera pour mon valet.
Par mon serment c'est mal fait, c'est bien
    mal fait,
Que ma femme ne peut vivre sans valet!

2 Voulez-vous que je vous dise? Quand
    je suis en ma maison,
J'ai du bœuf et du mouton et du lard
    en sa saison.
S'il y a quelque chapon, quelque poulet,
Ma femme le donnera à mon valet.
Par mon serment, etc.

3 Voulez-vous que je vous dise? A quoi
    me sert mon valet?
Il demeure en ma maison, ma femme lui
    bout du lait,
Et si lui en fait manger et de bon haict,[1]
Moi, qui fus à la charrue, je meurs
    de froid.
Par mon serment, etc.

1 Shall I tell you what's amiss here? By
    my hearth, when I've a mind,
There to ease my weary head, but a fire-
    brand I can find.
But if there's a good bed soft and sweet
    for rest,
My wife sees my valet never lacks the best.
'pon my oath, it's monstrous wrong,
    it's monstrous wrong,
If my wife without my man can't get along!

2 Shall I tell you what's amiss here?
    When I'm in my house at home,
I have beef and mutton there; bacon too,
    in season some.
But if there's a capon and a chicken fine,
My wife gives my valet pick of what is mine.
'pon my oath, etc.

3 Shall I tell you what's amiss here?
    Why a valet in my life?
He makes free of what is mine, milk set
    ready by my wife.
And while he is warmed and welcomed
    to the fold,
I who drove the plough, am stiff and
    starved with cold.
'pon my oath, etc.

4 Voulez-vous que je vous dise? A quoi
   je l'ai aperçu?
   Par la fente de notre huis, c'est par là
   que je l'ai vu,
   Ma femme était sur son lit qui
   s'endormait,
   Mon valet était auprès qui la berçait.
   Par mon serment, etc.

[1] de plein gré, volontiers.

Le thème de l'homme mal marié, maltraité par
sa femme, n'a rien de spécifiquement français.
Nous en connaissons de nombreuses variantes
dans le folklore musical de la plupart des
peuples.

4 Shall I tell you what's amiss here?
   What I noticed he was at?
   Through a crevice of the door, I could
   see him lying flat
   On her bed; my wife in slumber closed
   her eyes,
   While my valet sealed her bliss with
   lullabies.
   'pon my oath, etc.

[1] willingly, of his freewill.

The subject of an uncongenially married man,
badly treated by his wife, is of course not
specifically French. Many variants exist in the
folk song of most peoples of the world.

40

FAIS DODO
Sing Balow

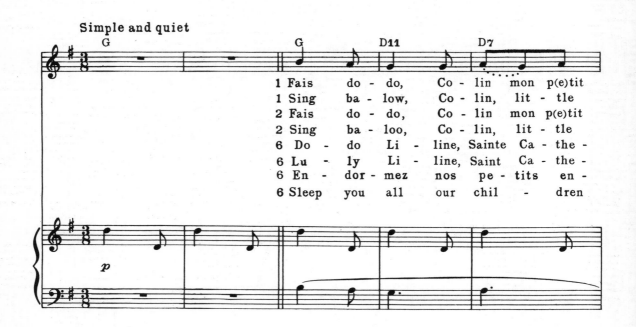

Une des très nombreuses variantes de la berceuse connue dans toute la France. Nous en donnons les diverses paroles chantées dans quelques régions.

Some of the regional variants of this lullaby common throughout France.

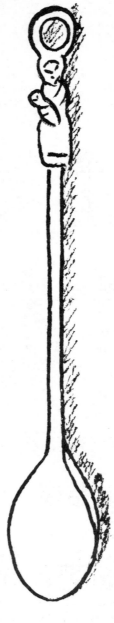

1 ORLÉANAIS
Fais dodo,
Colin mon p(e)tit frère;
Fais dodo,
T(u) auras du lolo.
Papa est en haut,
Qui prend son repos;
Maman est en bas,
Qui prend son repas.

2 Fais dodo,
Colin mon p(e)tit frère;
Fais dodo,
T(u) auras du lolo:
Du lolo de la laitière;
Du lolo de son grand pot.
Papa est en haut
Qui fait le lolo;
Maman est en bas
Qui fait colat.

3 ILE DE FRANCE
Fais dodo,
Colin mon p(e)tit frère;
Fais dodo,
T(u) auras du lolo.
Papa est en bas,
Maman est en haut
Qui fait la bouillie
Pour l'enfant qui crie.

1 ORLÉANAIS
Sing balow,
Colin, little brother;
Sing balow,
There's bye-bye for you.
Your daddy's above,
He's resting, my love;
Your mammy is good,
Downstairs at her food.

2 Sing balow,
Colin, little brother;
Sing balow,
You'll have some mm-mm:
You'll have some mm-mm:
Nice milk you'll have
    from the milkmaid,
Nice milk you'll have
    from her big crock.
Your daddy's close by,
He makes your bye-bye;
Your mammy's below,
She's making cocoa.

3 ILE DE FRANCE
Hushabye,
Colin, little brother,
Hushabye,
You'll suck by and by.
Downstairs, daddy's there,
Upstairs, mammy's there,
She's got something nice
For baby who cries.

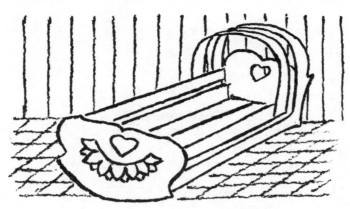

4 BOURGOGNE
Fais dodo,
Colin mon p(e)tit frère;
Fais ton dodo.
Maman est là-haut
Qui fait la bouillie
Pour l'enfant qui crie;
Tant qu'il criera
Il n'en aura guère.

4 BOURGOGNE
Sing balow,
Colin, little brother;
Sing you balow.
Your mammy's above,
She boils something nice
For baby who cries;
If baby goes on,
Then he will get none.

5 ARTOIS
Fais dodo
Mon petit poulot,
Fais dodo
T(u) auras du lolo.
Maman est en haut
Qui fait du lolo;
Papa est en bas
Qui cass(e) tous les plats.

5 ARTOIS
Rockabye,
My tiny wee chicken,
Rockabye,
There's milk by and by.
Your mammy is nigh
To make you bye-bye.
Downstairs while he waits,
Your daddy breaks plates.

6 ILE DE FRANCE
Dodo Liline,
Sainte Catherine;
Fais dodo,
T(u) auras du lolo.
Endormez nos petits enfants
Jusqu'à l'âge de leurs quinze ans.
Quand les quinze ans seront arrivés,
Il faudra les marier.

6 ILE DE FRANCE
Lully Liline,
Saint Catherine;
Lullaby,
Here's milk for my wean.
Now sleep you all our children dear,
Sleep on until your fifteenth year.
When they are fifteen and bonny to see,
It's then is the time they married must be.

Dodo, lolo, colat, poulot sont des mots utilisés dans le langage enfantin pour dire dormir, lait, chocolat, poulet.

Dodo, lolo, colat, poulot, are baby language for sleep, milk, chocolate, chicken. The tender intimacies of baby words are virtually untranslatable; but as their sounds and ideas sometimes overlap interestingly, an approximation is offered.

SOMMEIL
Sleep

Auvergne

Moderate, gentle
Guitar key: D
Tune ⑥ to D
(♩ = 48)

1 Sommeil, vite, vite, vite, Sommeil, vite reviens donc. Nos petits n(e) veul(ent) pas dormir, Le sommeil ne veut pas v(e)nir. Sommeil, vite, vite, vite, Sommeil, endors nos poupons.

1 Come sleep, hurry, hurry, hurry, Now sleep, hurry and come back. For our children will not sleep, Slumber far away does keep. Come sleep, hurry, hurry, hurry, Now sleep, our little lambs.

* 1st 4 open strings

46

1 Sommeil, vite, vite, vite,
Sommeil, vite reviens donc.
Nos petits n(e) veul(ent) pas dormir,
Le sommeil ne veut pas v(e)nir.
Sommeil, vite, vite, vite,
Sommeil, endors nos poupons.

2 Sommeil, vite, vite, vite,
Sommeil, vite reviens donc.
Le garçon ouvre ses yeux,
Notre fill(e) ne vaut pas mieux.
Sommeil, etc.

1 Come sleep, hurry, hurry, hurry,
Now sleep, hurry and come back.
For our children will not sleep,
Slumber far away does keep.
Come sleep, hurry, hurry, hurry,
Now sleep, our little lambs.

2 O sleep, hurry hurry hurry,
Now sleep, hurry and come back.
The boy opens wide his eyes,
And our girl she does likewise.
Come sleep, etc.

Les berceuses sont de tous les temps et de tous les pays, douces ou farouches, simples ou fleuries, mais chacune d'elles est la production parfaite du sol où elle est née.

A remarkable point about lullabies is that whether idealized or realistic, simple or adorned, and though they belong to all times and all countries, each one is the perfectly individual product of its own particular hearth.

children's songs

M'EN VAIS A PARIS

Paris is my course

Languedoc

M'en vais à Paris
Sur un cheval gris.
M'en vais à Toulous(e)
Sur un cheval rouge.
M'en vais à Toulon
Sur un vieux grison.

Paris is my course
On a good dun horse.
Toulouse is my quest, but
I'm on my chestnut.
Toulon is my way
On my good old gray.

IL ÉTAIT UNE BERGÈRE

A shepherdess kept sheep

Répandue dans toute la France
General throughout France

1 Il était un(e) bergère,
Et ron, et ron, petit patapon,
Il était un(e) bergère
Qui gardait ses moutons,
Ron, ron,
Qui gardait ses moutons.

2 Elle fit un fromage
Et ron, et ron, petit patapon,
Elle fit un fromage
Du lait de ses moutons,
Ron, ron,
Du lait de ses moutons.

3 Son chat qui la regarde
Et ron, et ron, petit patapon,
Son chat qui la regarde
D'un petit air fripon,
Ron, ron,
D'un petit air fripon.

4 "Si tu y mets la patte,
Et ron, et ron, petit patapon,
Si tu y mets la patte,
Tu auras du bâton,
Ron, ron,
Tu auras du bâton."

5 Il n'y mit pas la patte,
Et ron, et ron, petit patapon,
Il n'y mit pas la patte,
Mais y mit le menton,
Ron, ron,
Mais y mit le menton.

6 La bergère en colère
Et ron, et ron, petit patapon,
La bergère en colère
Tua son p(e)tit chaton,
Ron, ron,
Tua son p(e)tit chaton.

Dans cette ronde enfantine, transparaissent certains détails utilisés par Collé pour une version, parue en 1765 dans l'Anthologie de Monet, d'une chanson du XVIIe siècle.

1 Now once upon a time—O,
And bim and baw, little pat-a-paw,
Now once upon a time—O,
A shepherdess kept sheep,
Bom, bom,
A shepherdess kept sheep.

2 She sat and made a cheese there
And bim and baw, little pat-a-paw,
She sat and made a cheese there
She'd milked her ewes before,
Bom, bom,
She'd milked her ewes before.

3 Her cat looked on so slyly
And bim and baw, little pat-a-paw,
Her cat looked on so slyly
With rascal rogueish air,
Bom, bom,
With rascal rogueish air.

4 "If you dip in your paws, puss,
And bim and baw, little pat-a-paw,
If you dip in your paws, puss,
You'll get the stick some more,
Bom, bom,
You'll get the stick some more."

5 He didn't put his paws in,
And bim and baw, little pat-a-paw,
He didn't put his paws in,
Instead, he put his chin,
Bom, bom,
Instead he put his chin.

6 The shepherdess was angry,
And bim and bat, little pat-a-pat,
The shepherdess was angry,
She killed her little cat,
Bom, bom,
She killed her little cat.

This children's round or singing game was drawn on to some extent by Collé for the version of 1765 in Monet's Anthology, where it appears as a 17th-century popular song.

L'ALOUETTE ET LE PINSON

The lark and the chaffinch

Nivernais

Light and gay (♩ = 112)

1 L'a-lou-ette et le pin-son Ont vou-lu se ma-ri-er, Mais le jour-e de leurs no-ces N'a-vaient pas de quoi man-ger. Ma Na-non, tout de bon, Oui, bien-tôt nous fe-rons la no-ce, Ma Na-non, tout de bon, Oui, bien-tôt nous nous ma-rie-rons.

1 On a day the lark and chaf-finch They planned a wed-ding sweet, But a-las, up-on the wed-ding day They'd not e-nough to eat. My Na-non, car-ry on, It is soon now that we'll be mar-ried, My Na-non, car-ry on, Soon, O soon we shall mar-ried be.

1 L'alouette et le pinson
  Ont voulu se marier,
  Mais le jour-e de leurs noces
  N'avaient pas de quoi manger.
  Ma Nanon, tout de bon,
  Oui, bientôt nous ferons la noce,
  Ma Nanon, tout de bon,
  Oui, bientôt nous nous marierons.

2 Par ici passe un lapin,
  Sous son bras tenait un pain,
  Mais du pain nous avons trop,
  C'est d(e) la viande qu'il nous faut!
  Ma Nanon, etc.

3 Par ici passe un corbeau,
  Dans son bec porte un gigot,
  Mais d(e) la viand(e) nous avons trop,
  C'est du bon vin qu'il nous faut!
  Ma Nanon, etc.

4 Par ici passe un(e) souris,
  A son cou porte un baril,
  Mais du vin nous avons trop,
  C'est d(e) la musiqu(e) qu'il nous faut!
  Ma Nanon, etc.

5 Par ici passe un gros rat,
  Un violon dessous le bras.
  Bonjour à la compagnie,
  N'y a-t-il pas d(e) chat ici?
  Ma Nanon, etc.

6 Entrez, musiciens, entrez!
  Tous les chats sont au grenier.
  Mais du grenier sort un chat,
  Il emporte le gros rat!
  Ma Nanon, etc.

1 On a day the lark and chaffinch
  They planned a wedding sweet,
  But alas, upon the wedding day
  They'd not enough to eat.
  My Nanon, carry on,
  It is soon now that we'll be married,
  My Nanon, carry on,
  Soon O soon we shall married be.

2 First a rabbit gently sped
  In his arms a loaf of bread.
  Thanks, we've bread enough indeed,
  But it is meat we really need!
  My Nanon, etc.

3 Came a crow all black and sleek,
  Brought a roast joint in his beak.
  Thanks, we've meat enough indeed,
  But it is wine we really need!
  My Nanon, etc.

4 Then a mouse came, strange to tell,
  Round his neck a big barr*el*.
  Thanks, we've wine enough indeed,
  But it's a band we really need!
  My Nanon, etc.

5 Tweedle, tweedle, who's within?
  Mr Rat with violin.
  May I wish you all Good-day,
  And did a cat pass by this way?
  My Nanon, etc.

6 Welcome players all—but soft,
  All the cats are in the loft.
  From the loft there stalks a cat,
  And carries off the big fat rat!
  My Nanon, etc.

Une des nombreuses variantes de la chanson traitant des mariages d'animaux: 'Alouette et pinson', 'Alouette et moineau', 'Alouette et coucou', 'Bécasse et perdrix'.
Peut-être est-elle une survivance du Roman de Renart.

One of the many versions of songs about marriages between animals or birds: lark and chaffinch, lark and sparrow, lark and cuckoo, woodcock and partridge; possibly a survival of the **Roman de Renart**.

action songs

NOUS N'IRONS PLUS AU BOIS

We'll to the woods no more

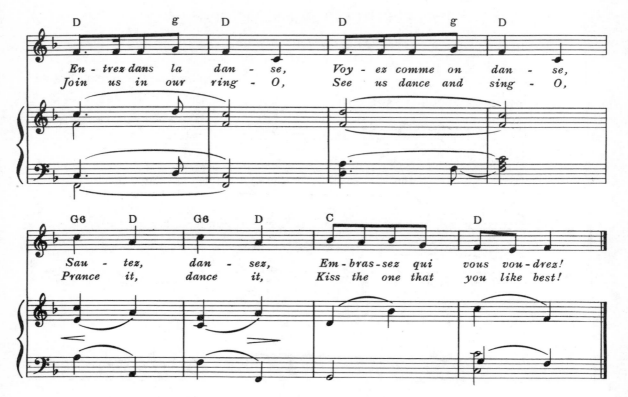

En - trez dans la dan - se, Voy - ez comme on dan - se,
Join us in our ring - O, See us dance and sing - O,

Sau - tez, dan - sez, Em - bras - sez qui vous vou - drez!
Prance it, dance it, Kiss the one that you like best!

1 Nous n'irons plus au bois,
Les lauriers sont coupés.
La belle que voilà,
La ferons-nous danser!
Entrez dans la danse,
Voyez comme on danse,
Sautez, dansez,
Embrassez qui vous voudrez!

2 La belle que voilà,
La ferons-nous danser!
Mais les lauriers du bois,
Les ferons-nous faner?
Entrez dans la danse, etc.

3 Mais les lauriers du bois,
Les ferons-nous faner?
Non, chacune, à son tour,
Ira les ramasser.
Entrez dans la danse, etc.

4 Non, chacune, à son tour,
Ira les ramasser.
Si la cigale y dort,
Ne faut pas la blesser.
Entrez dans la danse, etc.

1 We'll to the woods no more,
The laurels fade away.
This fair one we adore,
Will dance with us today!
Join us in our ring-O,
See us dance and sing-O,
Prance it, dance it,
Kiss the one that you like best!

2 This fair one we adore,
Will dance with us today!
But must the laurels wither
And from us fade away?
Join us, etc.

3 But must the laurels wither
And from us fade away?
No, each will gather them
In turn upon her way.
Join us, etc.

4 No, each will gather them
In turn upon her way.
The cicada may sleep there,
Do not harm him, pray.
Join us, etc.

5 Si la cigale y dort,
  Ne faut pas la blesser.
  Le chant du rossignol
  La viendra réveiller.
  Entrez dans la danse, etc.

6 Le chant du rossignol
  La viendra réveiller,
  Et aussi la fauvette,
  Avec son doux gosier.
  Entrez dans la danse, etc.

7 Et aussi la fauvette,
  Avec son doux gosier,
  Et Jeanne, la bergère,
  Avec son blanc panier.
  Entrez dans la danse, etc.

8 Et Jeanne, la bergère,
  Avec son blanc panier,
  Allant cueillir la fraise
  Et la fleur d'églantier.
  Entrez dans la danse, etc.

9 Allant cueillir la fraise
  Et la fleur d'églantier.
  Cigale, ma cigale,
  Allons, il faut chanter!
  Entrez dans la danse, etc.

10 Cigale, ma cigale,
   Allons, il faut chanter!
   Car les lauriers du bois
   Sont déjà repoussés.
   Entrez dans la danse, etc.

5 The cicada may sleep there,
  Do not harm him, pray.
  The nightingale's sweet calling
  Will awake the day.
  Join us, etc.

6 The nightingale's sweet calling
  Will awake the day.
  The warbler's song will murmur
  With his summons gay.
  Join us, etc.

7 The warbler's song will murmur
  With his whistle gay,
  And her white basket bearing,
  Jeanne shepherdess this way.
  Join us, etc.

8 And her white basket bearing,
  Jeanne shepherdess this way,
  Comes gathering sweetbriar,
      strawberries,
  Many as she may.
  Join us, etc.

9 Comes gathering sweetbriar,
      strawberries,
  Many as she may.
  Cicada, dear cicada,
  Time to sing and play!
  Join us, etc.

10 Cicada, dear cicada,
   Time to sing and play!
   All the wood's green laurels
   Are grown new and gay.
   Join us, etc.

Les couplets sont chantés pendant que la ronde tourne vers la gauche, puis vers la droite. Au refrain la ronde continue mais un des enfants entre dans le cercle quand on chante: '*Entrez dans la danse*'. Tout le monde saute, en tournant toujours à: '*Sautez, dansez*' et l'enfant qui est au milieu choisit celui qui le remplacera à: '*Embrassez qui vous voudrez*'.

Cette chanson est probablement originaire du Midi de la France, où "chante la cigale", mais elle est répandue jusqu'en pays Wallon, où les lauriers sont parfois remplacés par des roses.

The couplets are sung as the ring dancers move to the left, then to the right. At the refrain, the ring continues and one of the children joins the circle at the words '*Join in our ring.*' As the circle continues round, all skip at the words '*Prance it, dance it*' and at '*Kiss the one you like the best*' the child in the centre of the ring chooses one to replace him.

This song probably comes from the south of France where the cicada sings, though it is to be found as far north as Wallonia, where the laurels of the words sometimes become roses.

SAVEZ-VOUS PLANTER LES CHOUX?

Can you plant them as they say?

Répandue dans toute la France
General throughout France

1 Savez-vous planter les choux,
  A la mode, à la mode,
  Savez-vous planter les choux,
  A la mode de chez nous?

2 On les plante avec le pied,
  A la mode, à la mode,
  On les plante avec le pied,
  A la mode de chez nous.

3 On les plante avec la main,
  A la mode, à la mode,
  On les plante avec la main,
  A la mode de chez nous.

1 Can you plant them as they say,
  Cabbages, all in the fashion,
  Can you plant them as they say,
  As we do it down our way?

2 You may plant them with your foot,
  Cabbages, all in the fashion,
  You may plant them with your foot,
  As we do it down our way.

3 You may plant them with your hand,
  Cabbages, all in the fashion,
  You may plant them with your hand,
  As we do it down our way.

Le 1° couplet est chanté pendant que la ronde tourne d'abord vers la gauche, ensuite vers la droite. Le 2° couplet est chanté sur place, et les enfants font le geste de planter avec le pied. Le 1° couplet est repris avec la ronde. On continue en nommant successivement dans les couplets 3, 4, 5, etc., différentes parties du corps, et en faisant le geste de planter avec la partie désignée. Le couplet 1 est toujours chanté en ronde entre deux couplets mimés.
Cette ronde est la meilleure illustration de la manière dont un texte peut-être facilement mimé par des enfants.

The first verse is sung as the dancers dance round in a ring, first to the left, then to the right. At the second verse all stand still and the children make a planting movement with their feet. The first verse is treated as refrain as the dancers circle round as before. The process is repeated in successive verses naming different ways of planting with the appropriate movements.
A ring dance and singing game which is one of the best examples of a rhyme easily mimed by children.

SUR LE PONT D'AVIGNON
Sing a song, Avignon

Répandue dans toute la France
General throughout France

Light and springing (♩ = 132)

REFRAIN

Sur le pont d'A - vi - gnon, L'on y
Sing a song, A - vi - gnon, All are

dan - se, l'on y dan - se, Sur le pont d'A - vi -
danc - ing, all are danc - ing, Sing a song, A - vi -

gnon, L'on y dan - se tout en rond.
gnon, Bridge we make our ring up - on.

Fine

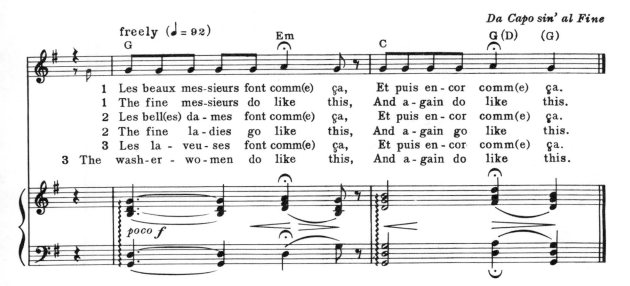

freely (♩ = 92)

G   Em   C   G (D)   (G)

1 Les beaux mes-sieurs font comm(e) ça, Et puis en-cor comm(e) ça.
1 The fine mes-sieurs do like this, And a-gain do like this.
2 Les bell(es) da-mes font comm(e) ça, Et puis en-cor comm(e) ça.
2 The fine la-dies go like this, And a-gain go like this.
3 Les la-veu-ses font comm(e) ça, Et puis en-cor comm(e) ça.
3 The wash-er-wo-men do like this, And a-gain do like this.

poco f

Sur le pont d'Avignon,
L'on y danse, l'on y danse,
Sur le pont d'Avignon,
L'on y danse tout en rond.

Sing a song, Avignon,
All are dancing, all are dancing,
Sing a song, Avignon,
Bridge we make our ring upon.

1 Les beaux messieurs font comm(e) ça,
  Et puis encor comm(e) ça.

2 Les bell(es) dames font comm(e) ça,
  Et puis encor comm(e) ça.

3 Les laveuses font comm(e) ça,
  Et puis encor comm(e) ça.

       Da Capo sin al Fine

1 The fine messieurs do like this.
  And again do like this.

2 The fine ladies go like this,
  And again go like this.

3 The washerwomen do like this.
  And again do like this.

    Repeat from the beginning to Fine

Le refrain est chanté pendant que la ronde tourne vers la gauche d'abord, vers la droite ensuite.
Pendant les couplets, les danseurs font, sur place, les gestes indiqués par les paroles (salut, révérence, lessive, etc.), d'abord vers l'intérieur du cercle, puis vers l'extérieur.
Les ponts ont toujours été des lieux sacrés. C'est dans leur voisinage, dans celui de l'eau, que se célébraient les fêtes et la plupart des cérémonies publiques. A certaine époque la ronde sur le pont était un rite obligé des fêtes saisonnières.

The refrain is sung as the dancers dance round in a ring, first to the left, then to the right. In the verses, the dancers, stationary, go through the motions described in the words, performing the mime first towards the centre of the circle, then away from it.
Bridges have from time immemorial been special sacred places subject to magic lore. Where they were, public festivities were celebrated, and in past ages the round dance upon the bridge was an essential rite in seasonal festivals.

A MA MAIN DROITE J'AI UN ROSIER

In my right hand I've a rose tree

Guitar key: C

Orléanais

Happy and expressive (♩ = 108)

1 A ma main droit(e) j'ai un ro - sier, A
1 In my right hand I've a rose tree, In

ma main droit(e) j'ai un ro - sier, Qui fleu - rit tous
my right hand I've a rose tree, It blos - soms each

les *li - lon - la,* Qui fleu - rit tous les mois de mai.
hey non - ny nay, It blos - soms each gay month of May.

1 A ma main droit(e) j'ai un rosier,
A ma main droit(e) j'ai un rosier,
Qui fleurit tous les *li-lon-la*,
Qui fleurit tous les mois de mai.

2 Entrez en dans(e), charmant rosier,
Entrez en dans(e), charmant rosier,
Et choisissez qui vous voudrez,
Ou la rose ou bien le rosier.

Une variante de cette chanson est très répandue
au Canada.

1 In my right hand I've a rose tree,
In my right hand I've a rose tree,
It blossoms each *hey nonny nay*,
It blossoms each gay month of May.

2 Come join the dance, pretty rose tree,
Come join the dance, pretty rose tree,
And choose whom your fancy will be,
The rose or the bonny rose tree.

A variant of this song is also widespread in
Canada.

work songs

IL NOUS FAUT DES TONDEURS

Within our houses

Strong and decisive (♩=116)

1 Il nous faut des ton-deurs dans nos mai-
1 With-in our hous-es shear-ers are our

sons, C'est pour ton-dre la laine à nos mou-
need, To shear the wool, the wool of our

tons: Il nous faut -tons: Ton-dre la nuit, ton-
sheep: With-in our sheep: To shear and shear the

dre le jour, Et ton - dre tout le long du jour, Et
live - long day, Shear all the day, and shear by night, And

tou - te la se - mai - ne, Et puis les com - pa-gnons vien -
each week-day by right, Our com - rades will come a - long and

dront, Qui ton, qui ton, qui ton - de - ront la lai - ne.
help To shear, and shear, and shear the wealth of our wool.

1 Il nous faut des tondeurs dans nos
    maisons,
  C'est pour tondre la laine à nos
    moutons: } *bis*
  Tondre la nuit, tondre le jour,
  Et tondre tout le long du jour,
  Et toute la semaine,
  Et puis les compagnons viendront,
  Qui ton, qui ton, qui tond-e-ront la laine.

2 Il nous faut des cardeurs dans nos
    maisons,
  C'est pour carder la laine de nos
    moutons: } *bis*
  Carder la nuit, carder le jour,
  Et carder tout le long du jour,
  Et toute la semaine,
  Et puis les compagnons viendront,
  Qui car, qui car, qui carderont la laine.

3 Il nous faut des fileurs dans nos
    maisons,
  C'est pour filer la laine à nos
    moutons: } *bis*
  Filer la nuit, filer le jour,
  Et filer tout le long du jour,
  Et toute la semaine,
  Et puis les compagnons viendront,
  Qui fi, qui fi, qui fileront la laine.

4 Il nous faut des fouleurs dans nos
    maisons,
  C'est pour fouler la laine à nos
    moutons: } *bis*
  Fouler la nuit, fouler le jour,
  Et fouler tout le long du jour,
  Et toute la semaine,
  Et puis les compagnons viendront,
  Qui fou, qui fou, qui fouleront la laine.

1 Within our houses, shearers are
    our need,
  To shear the wool, the wool of
    our sheep: } *twice*
  To shear and shear the livelong day,
  Shear all the day, and shear by night,
  And each weekday by right,
  Our comrades will come along and help
  To shear, and shear, and shear the
    wealth of our wool.

2 Within our houses, carders are
    our need,
  To card the wool, the wool of
    our sheep: } *twice*
  To card and card the livelong day,
  Card all the day, and card by night,
  And each weekday by right,
  Our comrades will come along and help
  To card, and card, and card the wealth
    of our wool.

3 Within our houses, spinners are
    our need,
  To spin the wool, the wool of
    our sheep: } *twice*
  To spin and spin the livelong day,
  Spin all the day, and spin by night,
  And each weekday by right,
  Our comrades will come along and help
  To spin, and spin, and spin the wealth
    of our wool.

4 Within our houses, teasers are
    our need,
  To tease the wool, the wool of
    our sheep: } *twice*
  To tease and tease the livelong day,
  Tease all the day, and tease by night,
  And each weekday by right,
  Our comrades will come along and help
  To tease, and tease, and tease the wealth
    of our wool.

LES FAUCHEURS

The mowers

Guyenne

Languorous and sultry (♩.=68)

1 Au bord de la ri - viè - re
1 Down by the ri - ver's ver - ges

Y a - t-un pré à____ fau - cher,____
There is a field____ to mow,____

Y a - t-un pré à____ fau -
There is a field____ to

cher La doun-dé - no.____
mow Der-ry down - O.____

Y a - t-un pré à____ fau -
There is a field____ to

cher La doun - dé - - no.
mow Der - ry down - - O.

verses 2-7 | *verse 8*

- no.
- O.

poco meno p

68

<table>
<tr><td>

1 Au bord de la rivière
  Y a-t-un pré à faucher,
  Y a-t-un pré à faucher
  La doun-dé-no. } *bis*

2 Sont trois jeunes faucheurs
  Qui l'ont pris à faucher,
  Qui l'ont pris à faucher
  La doun-dé-no. } *bis*

3 Sont trois jeunes fillettes
  Qui l'ont pris à faner,
  Qui l'ont pris à faner
  La doun-dé-no. } *bis*

4 La plus jeune de toutes
  Va chercher le dîner,
  Va chercher le dîner,
  La doun-dé-no. } *bis*

5 "Venez, faucheurs, c'est l'heure!
  Venez, il faut dîner!
  Venez, il faut dîner!"
  La doun-dé-no. } *bis*

6 Le faucheur le plus jeune
  N'y voulait pas aller,
  N'y voulait pas aller
  La doun-dé-no. } *bis*

7 "Ah! qu'avez-vous, faucheur?
  Qui voulez pas dîner?
  Qui voulez pas dîner?"
  La doun-dé-no. } *bis*

8 "C'est votre amour, la belle,
  Qui m'empêch(e) de manger,
  Qui m'empêch(e) de manger,"
  La doun-dé-no. } *bis*

</td><td>

1 Down by the river's verges
  There is a field to mow,
  There is a field to mow
  Derry down-O. } *twice*

2 And three young men to mow it,
  Who have the field to mow,
  Who have the field to mow
  Derry down-O. } *twice*

3 There are three young girls down there,
  They have the hay to toss,
  They have the hay to toss
  Derry down-O. } *twice*

4 She who's the youngest of them
  Goes in to fetch the food,
  Goes in to fetch the food
  Derry down-O. } *twice*

5 "Come on, you men, it's time now!
  Come, it is time to eat!
  Come, it is time to eat!"
  Derry down-O. } *twice*

6 The man who is the youngest,
  He didn't want to come,
  He didn't want to come
  Derry down-O. } *twice*

7 "Tell me, what ails you, mower?
  That you won't come and eat?
  That you won't come and eat?"
  Derry down-O. } *twice*

8 "I love you so, my fair one,
  That is why I can't eat.
  That is why I can't eat"
  Derry down-O. } *twice*

</td></tr>
</table>

LE PAUVRE LABOUREUR

The poor labouring man

Guitar key: G

Serious but not dragged (♩=60)

Nivernais

1 Qui veut savoir la vie
  Du pauvre laboureur?
  Du jour de sa naissance
  Il a bien du malheur.
  Qu'il pleuve,qu'il neig(e), qu'il vente,
  Orage ou autre temps,
  On voit toujours sans cesse,
  Le laboureur aux champs.
     O, lo lo loé.

2 Le pauvre laboureur
  Est un p(e)tit artisan,
  Qu(i) a des habits de toile
  Comme un moulin à vent.
  Il porte aussi des guêtres
  En toile de métier,
  Pour empêcher la terre
  D'entrer dans les souliers.
     O, lo lo loé.

3 Le pauvre laboureur
  A des petits enfants,
  Les mène à la charrue
  A l'âge de dix ans.
  Hé! prends donc patience
  Mon pauvre laboureur,
  Si ta misère est grande,
  Ça te fera honneur.
     O, lo lo loé.

4 Il n'est ni roi, ni prince,
  Ni duc-que, ni seigneur,
  Qui n(e) vivent sur la peine
  Du pauvre laboureur.
  Touchons, piquons sans cesse,
  N(e) nous impatientons pas;
  Nous sortirons peut-être
  De tous ces mauvais pas.
     O, lo lo loé.

1 Who seeks to know the life
  Of the poor labouring man?
  A creature, since his birth,
  Whose days are sorrow's span.
  In rain, in snow, in tempest,
  In storm or fair outside,
  He's ever to be seen there,
  The worker in the wide.
     Hollo, lo lo-ey!

2 The poor labouring man's
  An artisan in skill,
  His clothing, stuff that's like
  The sails of a windmill.
  His legs are cased in gaiters,
  The stuff of daily toil,
  To save his working shoes
  From filling up with soil.
     Hollo, lo lo-ey!

3 The poor labouring man
  Has little ones at home,
  He puts them to the plough
  When they are six years old.
  Have patience and goodwill,
  You poor working soul,
  Your penury is great,
  But does you credit still.
     Hollo, lo lo-ey!

4 There's not a prince or king,
  Nor lord of high estate,
  Who does not reap his gain
  From the poor worker's fate.
  Hold fast, endure, keep on,
  With fortitude and will;
  With luck we'll cast away
  This heritage of ill.
     Hollo, lo lo-ey!

Le thème du 'Pauvre laboureur' dans la chanson populaire reprend les observations faites à la même époque par La Fontaine et La Bruyère.

A theme which reflects in the popular song of the day, the sentiments of La Fontaine and La Bruyère of the same period.

AVEZ-VOUS VU LES BATELIERS

O have you seen the watermen?

la la la, La   la   la la la la la la la.

1 Avez-vous vu les bateliers,
  Comme ils sont brav(e)s, hardis,
    légers? } bis
  Ils font un(e) promenade
  Allant vers Peyrehorade,
  En tirant l'aviron,
  Tout droit chez leur patron.
  La la la la la la la la la la la,
  La la la la la la la la la.

2 En arrivant devant Pellia
  Monsieur le Comte leur a dit: } bis
  "Un couple de pistoles,
  Mes enfants, seront bonnes
  Pour boire à ma santé,
  Et viv(e)nt les bateliers."
  La la la . . . etc.

3 "Pour se prom(e)ner, le temps est
    beau, } bis
  Embarquez sur notre bateau,
  Embarquez votre dame,
  Elle est jolie, aimable,
  Pour être de Paris
  Elle sembl(e) de ce pays."
  La la la . . . etc.

4 Et puis reprenant l'aviron,
  Ils s'en vont droit à Saint-Léon, } bis
  Entraîner la jeunesse
  Au jeu, avec hardiesse,
  Apprendre comme il faut
  A faire de grands sauts.
  La la la . . . etc.

1 O have you seen the watermen,
  How fine they are: Have you
    seen them? } twice
  They make a trip by boatload,
  Along by Peyrehorade,
  They pull and pull their fill
  For who employs their skill.
  La la la la la la la la la la la,
  La la la la la la la la la.

2 As we to Pellia drew near,
  Monsieur the Count said loud and } twice
    clear:
  "The wherewithal for drinking
  My health's a good idea,
  And we must surely tell
  The ferrymen as well."
  La la la, etc.

3 "The weather's ripe for us today,
  Come board the boat, away, away, } twice
  The lady you're inviting's
  So pretty and delighting,
  From Paris, 'twould appear,
  But seems to come from here."
  La la la, etc.

4 They take their oars and so are on
  Their way and row to Saint-Léon, } twice
  To pick up youths and lasses,
  And seize time as it passes,
  And teach them, as they ought,
  To leap aboard and sport.
  La la la, etc.

LE GODIVEAU DE POISSON
Godiveau of fish

Guitar key: Em

Brisk and rhythmical (♩= 144)

1 Sur de la pâ - té fi - ne, Vous met -
1 Up - on a paste foun - da - tion, You ap -

tez du go - di - veau, Fi - lets de bon - ne
ply the go - di - veau, Some su - per - fine fish

mi - ne D'un pois - son frais et bien beau. Truf-fes,
fi - lets Of a fish that's fit to show. Truf-fles,

cham - pi - gnons, Lai-tance à foi - son, Des fonds d'ar - ti - chauts,
mush - rooms too, Fin - est dai - ry brew, Hearts of ar - ti - chokes,

74

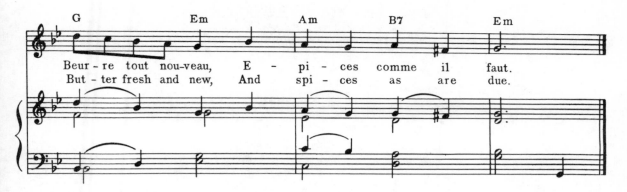

Beur-re tout nou-veau, E - pi-ces comme il faut.
But-ter fresh and new, And spi-ces as are due.

1 Sur de la pâte fine,
Vous mettez du godiveau,
Filets de bonne mine
D'un poisson frais et bien beau.
Truffes, champignons,
Laitance à foison,
Des fonds d'artichauts,
Beurre tout nouveau,
Epices comme il faut.

2 Qu'on le couvre et qu'on le mette
Bien cuire au four pour le mieux.
Etant cuit, on y jette
Et verjus[1] et jaunes d'œufs.
Même il est exquis
D'y joindre un coulis
D'écreviss(e) encore,
Qui vous plaira fort,
Et servez tout d'abord.

1 Upon a paste foundation,
You apply the godiveau,[1]
Some superfine fish filets
Of a fish that's fit to show.
Truffles, mushrooms too,
Finest dairy brew,
Hearts of artichokes,
Butter fresh and new,
And spices as are due.

2 Now cover it and place it
On the stove and leave to cook,
And having cooked it, lace it
With some verjuice[2] and egg yolk.
If you're in the mood,
It is specially good
With some shrimp sea-food;
It is quite superb,
A dish that's fit to serve.

[1] Suc acide que l'on extrait du raisin cueilli vert.
Lebas, cuisinier de Louis XV, publia en 1738 *Le Festin Joyeux ou la Cuisine en Musique*. Il a mis en couplets les recettes de tous les mets connus et l'ordonnance des plats sur la table. Il prétendait, à l'aide de sa méthode, "faciliter aux dames les moyens d'enseigner en chantant la recette des ragoûts et des sauces à leurs sujets subalternes".
Voir aussi: 'Ami dans cette vie' (page 98).

[1] godiveau = a dish founded in a dough with minced meat or creamed fish.
[2] verjuice = a form of acid sweetening extracted from grapes picked green.
Lebas, chef to Louis XV, published in 1738 *The Happy Banquet, or The Cuisine set to Music*. He versified the recipes of all the well-known dishes and directions as to table arrangement. By this method, he aimed at 'facilitating for ladies the means of teaching their subordinates the recipes for stews and sauces by singing them'.
See also page 98.

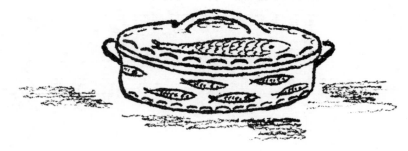

PLAINTE DES PAPETIERS

The papermakers' complaint

Angoumois (Charente)

With a marked lilt (♩.=56)

Em

1 C'est un Pi - card, c'est un Nor -
1 A Pi - card and a Nor - man,

Am

mand, Un Cham - pe - nois nom - mé la Rui - ne,
we, A Cham - pe - nois who's called la Rui - ne,

Em **D** **G**

Un Cham - pe - nois nom - mé la Rui - ne, Qu'on veut
A Cham - pe - nois who's called la Rui - ne, They'd make

1 C'est un Picard, c'est un Normand,
  Un Champenois nommé la Ruine,
  Un Champenois nommé la Ruine,
  Qu'on veut faire compagnon,
  Savez-vous pas que l'ordinaire[1]
  S'en va toujours en reculant.
  S'en va toujours en reculant.

2 Il semble à tous ces maîtres-là
  Qu'il n'y a pas d'ouvrage en France.
  Nous en irons dans la Provence,
  Du côté de Sisteron;
  Nous en irons à Carcassone,
  Petite vill(e) de grand renom.
  Petite vill(e) de grand renom.

3 Il faudrait à ces maîtres-là
  Des ouvriers faits à leur guise
  Des ouvriers faits à leur guise,
  Travaillant et jour et nuit.
  Qu'on leur demand(e) de fair(e) la rente[2]
  Ils vous envoient à M(on)sieur le puits.
  Ils vous envoient à M(on)sieur le puits.

[1] règlement, coutume.
[2] En Angoumois, un ouvrier papetier sans ouvrage avait droit de 'lever sa rente', c'est-à-dire de se faire nourrir dans les moulins où il jugeait à propos de s'arrêter.
Ces couplets semblent se rapporter à la coalition que l'Edit de 1739 suscita parmi les papetiers d'Angoumois. Par cet Edit les peines les plus sévères étaient portées contre l'ouvrier qui se refusait à recevoir un apprenti étranger. Les ouvriers outrés émigrèrent en masse, de telle sorte que pas un moulin ne marchait régulièrement à la fin de l'année 1750.

1 A Picard and a Norman, we,
  A Champenois who's called la Ruine,
  A Champenois who's called la Ruine,
  They'd make our companion be.
  But don't you know the good old ways
  Leave our poor world these present days.
  Leave our poor world these present days.

2 The masters are in one accord
  That there aren't jobs enough in France now,
  And so we'll journey to Provence
  By the road to Sisteron.
  We'll try our luck in Carcasonne,
  A small town, but of great renown.
  A small town, but of great renown.

3 These masters ask it, of their will,
  To have their workmen of their choosing,
  To have their workmen of their choosing,
  Night and day, for good or ill.
  Just let them go where they are fit to,
  They're out to drive us down the pits,
  They're out to drive us down the pits,

These words would seem to relate to the Edict of 1739 which inflicted severe penalties on the paper workers of Angoumois for any worker who refused to receive an apprentice from elsewhere. The redundant workers emigrated en masse and there was such an exodus that by the end of 1750, not a single mill was working regularly. In Angoumois, an unemployed papermaker had the right to food at any mill where he chose to call.

MARCHAND DE FROMAGE

The cheese-seller

Paris

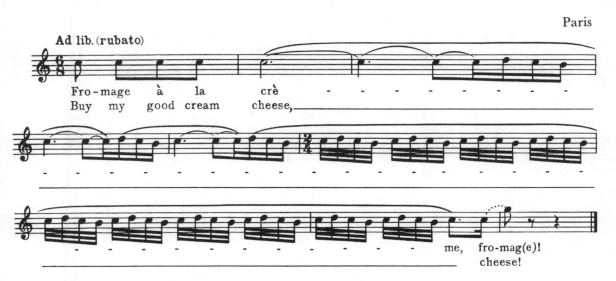

Fromage à la crème, fromage !

Buy my good cream cheese, cheese !

LES PÂTÉS TOUT CHAUDS

Little hot pies!

Ile-de-France

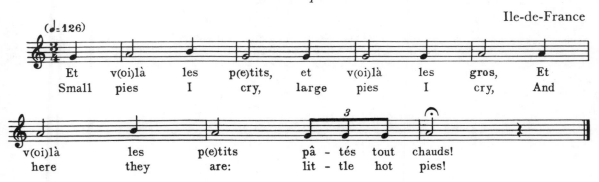

Et v(oi)là les p(e)tits, et v(oi)là les gros,
Et v(oi)là les p(e)tits pâtés tout chauds !

Small pies I cry, large pies I cry,
And here they are : little hot pies !

De la même verve que les 'Peaux de lapin', 'De la belle faïence', 'Ramonez la cheminée du haut en bas', 'Balais, balais', et avec la même impérative elliptique, 'Les patés tout chauds' est un de ces innombrables cris de rue qui assourdissaient, à certaines heures, les quartiers grouillants de Paris ou des villes environnantes.

Of the same racy vitality as 'Rabbit skins', 'Lovely crockery', 'Sweep your chimney from top to bottom', 'Brooms, brooms' and with the same brief summons, 'Little hot pies' is one of the many street cries whose stridency was deafening at certain hours in the swarming districts of Paris and its neighbouring towns.

'sailors' songs

LA FEMME DU MARIN

The seaman's wife

1 Quand le marin revient de guerre,
  Tout doux.
  Tout mal chaussé, tout mal vêtu,
  Pauvre marin, d'où reviens-tu?
  Tout doux.
} *bis*

2 "Madame, je reviens de guerre
  Tout doux."
  "Qu'on apporte ici du vin blanc,
  Que le marin boive en passant,
  Tout doux."
} *bis*

3 Brave marin se mit à boire,
  Tout doux.
  Se mit à boire et à chanter.
  Et la belle hôtesse a pleuré.
  Tout doux.
} *bis*

4 "Qu'avez-vous donc, la belle hôtesse,
  Tout doux.
  Regrettez-vous votre vin blanc,
  Que le marin boit en passant?
  Tout doux."
} *bis*

5 "C'est pas mon vin que je regrette,
  Tout doux.
  C'est la perte de mon mari,
  Monsieur, vous ressemblez à lui.
  Tout doux."
} *bis*

6 "Dites-moi donc, la belle hôtesse,
  Tout doux.
  Vous aviez de lui trois enfants,
  Vous en avez six, à présent.
  Tout doux."
} *bis*

7 "On m'a écrit de ses nouvelles,
  Tout doux.
  Qu'il était mort et enterré
  Et je me suis remarié(e)....
  Tout doux."
} *bis*

8 Brave marin vida son verre,
  Tout doux.
  Sans remercier, tout en pleurant,
  S'en retourna-t-au bâtiment...
  Tout doux.
} *bis*

1 Sailor alone, home from the wars,
  To woo.
  With tattered clothing, ragged shoe,
  O poor sailor, whence come you?
  To woo.
} *twice*

2 "Madam, I'm home, home from
     the wars,
  To woo."
  "Let there be wine, the white wine, pray,
  The sailor man drinks on his way,
  To woo."
} *twice*

3 He sat and drank, the hardy tar,
  To woo.
  And as he drank, began to sing,
  But she did not—she was crying.
  To woo.
} *twice*

4 "What ails you then, my hostess
     fair,
  To woo.
  Do you regret the wine, I pray,
  The sailor man drinks on his way?
  To woo."
} *twice*

5 "It's not for wine that I'm crying,
  To woo.
  I'm all alone, my husband's dead,
  You're rather like him, sir, she said,
  To woo."
} *twice*

6 "May I inquire, my lady fair,
  To woo.
  Three children by him you conceived,
  And now you've six, as I perceive.
  To woo."
} *twice*

7 "Tidings I had, had from afar,
  To woo.
  That he was buried, dead and gone,
  And so I took another man...
  To woo."
} *twice*

8 Slowly the sailor drained his glass,
  To woo.
  Weeping, no word did he let slip,
  But turned about and joined his ship...
  To woo.
} *twice*

LES TROIS MATELOTS DE GROIX

The three sailors of Groix

Bretagne (Ille-et-vilaine)

With an easy lilt (♩.=60)

1 Ce sont trois ma - te - lots de Groix, Ce
1 It's of three sail - ors come from Groix, It's

sont trois ma - te - lots de Groix, Em - bar - qués sur
of three sail - ors come from Groix, Em - bark - ing in

le Saint - Fran - çois, *Son tra - de ri tra lon lan*
the Saint - Fran - çois, *Sing tit - ty - fol - leigh, fol de*

★Chord of D minor with the note E on open 1st string.

la, Son tra de ri tra lan - lai - re.
rol, Sing tit-ty-fol- leigh a lear - y.

1 Ce sont trois matelots de Groix, *bis*
Embarqués sur le Saint-François,
Son tra de ri tra lon lan la,
Son tra de ri tra lan-lai-re.

2 C'étaient de braves matelots, *bis*
Dommag(e) qu'ils sont tombés dans l'eau
Son tra etc.

3 Dommag(e) qu'ils sont tombés dans l'eau,
On n'a r(e)trouvé que leurs| chapeaux,
Son tra etc.

4 On n'a r(e)trouvé que leurs chapeaux, *bis*
Leurs garde-pip(es) et leurs couteaux.
Son tra etc.

Cette chanson est très répandue, avec de nombreuses variantes pour les paroles et pour l'air.

1 It's of three sailors come from Groix, *twice*
Embarking in the Saint-François,
Sing titty-fol-leigh, fol de rol,
Sing titty-fol-leigh a leary.

2 These sailors were as brave could be, *twice*
A pity they fell in the sea,
Sing titty-fol-leigh, etc.

3 A pity they fell in the sea, *twice*
Their caps were all were found for me,
Sing titty-fol-leigh, etc.

4 Their caps were all were found for me,
twice
Their pipe-pouch and their snicker-snee.
Sing titty-fol-leigh, etc.

A song to be found widespread, with many
variants of both words and tune.

PÊCHEUR QUI VAS SUR L'ONDE

O fisher of the ocean

Guitar key: D

Swaying gently (barcarolle) ($\quad$=76)

Corse

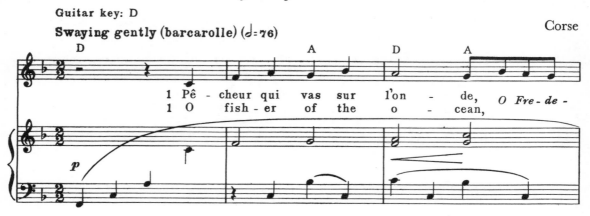

1 Pê - cheur qui vas sur l'on - de, *O Fre - de -*
1 O fish - er of the o - cean,

ri! Viens pê - cher près de moi, Sur ta bel - le bar - que
Come fish - ing close to me, For your new and bon - ny

neuv(e), Ton a - mou - reu - se s'en va. *Viens*
barque, With your lo - ver must de - part. *Come*

1 Pêcheur qui vas sur l'onde,
    O Frederi![1]
    Viens pêcher près de moi,
    Sur ta belle barque neuv(e),
    Ton amoureuse s'en va.
    [2]*Viens pêcher près de moi,*
    Car ta belle barque neuv(e),
    Avec ta belle s'en va.
    Fidelin, lin, là!

2 Que veux-tu que je pêche,
    O Frederi!
    L'anneau qui des doigts tomb(e),
    Sur ta belle barque neuv(e),
    Ton amoureuse s'en va.
    Viens pêcher . . . etc.

1 O fisher of the ocean,
    O Frederi!
    Come fishing close to me,
    For your new and bonny barque,
    With your lover must depart.
    Come fishing close to me,
    For your new and bonny barque
    With your lover must depart.
    Fidelin, lin, là!

2 What would you that I fish for?
    O Frederi!
    My lost gold ring's my wish,
    For your new and bonny barque,
    With your lover must depart.
    Come fishing, etc.

3 Je te donne cent écus,
   O Frederi!
   Et cette bours(e) brodée,
   Sur ta belle barque neuv(e)
   Ton amoureuse s'en va.
   Viens pêcher . . . etc.

4 Je ne veux tes cent écus,
   O Frederi!
   Ni cette bours(e) brodée,
   Sur ta belle barque neuv(e)
   Ton amoureuse s'en va.
   Viens pêcher . . . etc.

5 Je veux un baiser d'amour,
   O Frederi!
   Quelle est cell(e) qui paiera?
   Sur ta belle barque neuv(e)
   Ton amoureuse s'en va.
   Viens pêcher . . . etc.

3 I'll offer you some money,
   O Frederi!
   And this embroidered purse,
   For your new and bonny barque,
   With your lover must depart.
   Come fishing, etc.

4 I will not take your money,
   O Frederi!
   Nor this embroidered purse,
   For your new and bonny barque,
   With your lover must depart.
   Come fishing, etc.

5 I want to kiss my lover,
   O Frederi!
   Which one of us will pay?
   For your new and bonny barque,
   With your lover must depart.
   Come fishing, etc.

[1] Cette phrase est ordinairement reprise en choeur.
[2] A partir d'ici, c'est chanté généralement en choeur.

[1] Usually sung as solo and chorus.

[2] The refrain is usually sung in chorus.

songs
of
season
and
occasion

NOUS SOMMES ICI TARD ARRIVÉS

We come benighted to this hall

Guyenne

With well-marked rhythm (♩ = 32)

1 Nous sommes i - ci tard ar - ri - vés, De - vant la por - te
1 We come be - night - ed to this hall, Stand at a ci - ti -

d'un bour - geois. *La Guil - la - né nous faut don - ner, Vail - lant sei -*
zen's por - tal. *Mis - tle - toe gifts you owe us all, Our good sei -*

gneur. *La Guil - la - né, don - nez - nous la, Aux com - pa - gnons.*
gneur. *Alms for New Year we ask you for Us com - rades all.*

* The guitar chords should keep the left hand rhythm of the piano throughout

90

1 Nous sommes ici tard arrivés,
  Devant la porte d'un bourgeois.
  La Guillané[1] nous faut donner,
  Vaillant seigneur.
  La Guillané, donnez-nous la,
  Aux compagnons.

2 Si la servante elle est couchée
  Faites-la vitement lever.
  La Guillané, etc.

3 Si le couteau ne peut couper,
  Vous donnerez tout le quartier.
  La Guillané, etc.

[1] étrennes.

Ce chant de quête pour le renouvellement de l'année, perpétue une coutume très ancienne en France.

1 We come benighted to this hall,
  Stand at a citizen's portal.
  Mistletoe gifts you owe us all.
  Our good seigneur,
  Alms for New Year we ask you for
  Us comrades all.

2 If your domestic is in bed,
  Get her up quick, the sleepyhead.
  Mistletoe gifts etc.

3 If your big knife's too blunt to carve,
  Give us your joint and we'll not starve.
  Mistletoe gifts etc.

[1]alms

An Aguillannée (gui=mistletoe; année=year, i.e. New Year). For an extended note on the extremely ancient and interesting origins of this type of song which dates from pre-Christian times, see *The Penguin Book of Christmas Carols*. The custom of alms-giving at the New Year is a very ancient one in France and has survived in French Canada.

C'EST LA SAINT-JEAN

It is Saint John

1 C'est la Saint-Jean, ma mie,
   Il faut nous séparer,
   Dans une autre patrie, Ié! Ié!
   Je m'en vais habiter.

2 Ding, don, ding, don, les cloches
   Résonnent longuement,
   La Saint-Jean nous déloge, Ié! Ié!
   De maîtres nous changeons!

3 Adieu, adieu, la belle!
   Quittons-nous sans regrets.
   A la Saint-Jean nouvelle, Ié! Ié!
   Je vous retrouverai!

4 C'est la Saint-Jean, ma mie,
   Il faut nous séparer,
   Dans une autre patrie, Ié! Ié!
   Je m'en vais habiter.

1 It is Saint John, my dear one,
   Farewell we now must say,
   Far for another year, love,
       Sad day!
   I must now take my way.

2 Ding dong, ding dong, they say, love,
   Echoing bells across,
   Saint John he parts our ways, love,
       Sad day!
   We have to change our boss.

3 Farewell, adieu, my love, dear,
   Farewell without regret,
   In a year's time I'll come, dear,
       Glad day!
   At Saint John claim you yet.

4 It is Saint John, my dear one,
   Farewell we now must say,
   Far for another year, love,
       Sad day!
   I must now take my way.

The feast of Saint John at midsummer was the time of hiring fairs and change of jobs.

LA PLANTATION DU MAI
(Ronde)

Planting the may
Ring Dance

* D chord with the note G on 3rd fret of 1st string

† D chord with the note E on open 1st string

donn(e)-rai-je à ma mi - e? Que donn(e)-rai-je à ma mi - e?
shall I give my dar - ling? What shall I give my dar - ling?

1 Voici le mois de mai,
Et lon-lan-la, tire-lire,
Voici le mois de mai,
Que donn(e)rai-je à ma mie?
Que donn(e)rai-je à ma mie?   *bis*

2 Nous lui plant(e)rons un mai,
Et lon-lan-la, tire-lire,
Nous lui plant(e)rons un mai
A sa porte jolie,
A sa porte jolie.   *bis*

3 Quand l(e) mai sera planté
Et lon-lan-la, tire-lire,
Quand l(e) mai sera planté
Nous demand(e)rons la fill(e),
Nous demand(e)rons la fille.   *bis*

4 Laquell(e) demand(e)rons-nous?
Et lon-lan-la, tire-lire,
Laquell(e) demand(e)rons-nous?
Est-c(e) la vieille ou la jeun(e)?
Est-c(e) la vieille ou la jeune?   *bis*

5 Nous demand(e)rons la jeune
Et lon-lan-la, tire-lire,
Nous demand(e)rons la jeune
Car c'est la plus jolie
Car c'est la plus jolie.   *bis*

6 La vieille monte en haut
Et lon-lan-la, tire-lire
La vieille monte en haut
En faisant des soupirs,
En faisant des soupirs.   *bis*

1 Now is the month of May,
With fa la la, tira lira,
Now is the month of May,
What shall I give my dear?
What shall I give my darling?   *twice*

2 We'll plant her a may tree,
With fa la la, tira lira,
We'll plant her a may tree
Before her charming door,
Before her charming door there.   *twice*

3 When we have planted it,
With fa la la, tira lira,
When we have planted it
We will request the daughter,
We will request the daughter there.   *twice*

4 Which daughter shall we ask?
With fa la la, tira lira,
Which daughter shall we ask?
The old one or the young?
The old one or the younger?   *twice*

5 We'll ask the younger one,
With fa la la, tira lira,
We'll ask the younger one,
Because she's the most fair,
Because she's the most fair there.   *twice*

6 The older one's upstairs,
With fa la la, tira lira.
The older one's upstairs,
A-sighing out her heart,
A-sighing out her heart there.   *twice*

7 Son père la suivit:
Et lon-lan-la, tire-lire,
Son père la suivit:
—Que vous faut-il, ma fill(e)?
—Que vous faut-il, ma fille?   *bis*

8 — Ma sœur a des amants,
Et lon-lan-la, tire-lire,
— Ma sœur a des amants,
Et moi je rest(e)rai fill(e)
Et moi je rest(e)rai fille.   *bis*

9 Oh! taisez-vous ma fille,
Et lon-lan-la, tire-lire,
— Oh! taisez-vous ma fille,
Nous vous mari(e)rons rich(e)[1]
Nous vous mari(e)rons riche.   *bis*

10 A un marchand d'oignons,
Et lon-lan-la, tire-lire,
A un marchand d'oignons,
Et un marchand d(e) pomm(es) cuit(es),
Et un marchand d(e) pomm(es) cuite.   *bis*

11 S'en va parmi la ville,
Et lon-lan-la, tire-lire,
S'en va parmi la ville,
En criant "aux pomm(es) cuit(es)!
En criant "aux pomm(es) cuité!   *bis*

12 A quatre pour un sou!
Et lon-lan-la, tire-lire,
A quatre pour un sou!
C'est d(e) la bonn(e) marchandis(e)!
C'est d(e) la bonn(e) marchandisé!"   *bis*

[1]richement.
Le 'mai' c'est l'arbre que le garçon plante devant la fenêtre de celle qu'il aime, la dernière nuit d'avril, pour avouer publiquement son amour.

7 Her father's followed her,
With fa la la, tira lira,
Her father's followed her,
What do you want, my girl?
What do you want, my girl there?   *twice*

8 My sister has young men,
With fa la la, tira lira,
My sister has young men,
But I will stay without,
But I will stay without them.   *twice*

9 Be quiet there, my girl,
With fa la la, tira lira,
Be quiet there, my girl,
We'll marry you off rich,
We'll marry you off richly   *twice*

10 He'll do, the onion man,
With fa la la, tira lira,
He'll do, the onion man,
Or he who sells hot spuds,
Or he who sells hot spuds there.   *twice*

11 He goes around the town,
With fa la la, tira lira,
He goes around the town,
And hot potatoes cries,
And hot potatoes cries there.   *twice*

12 Four for a halfpenny,
With fa la la, tira lira,
Four for a halfpenny,
The best of value too,
The best of value too, there.   *twice*

The 'may' is the bush planted by the youth on the last night of April beneath the window of the girl he loves, to proclaim to all his attachment.

Pommes cuites

songs

of

wine

AMI, DANS CETTE VIE

My friend, in this existence

Steady and rhythmic (♩ = 80)

Am

1 A - mi, dans cet - te vi - e, Li - vrons -
My friend, in this ex - is - tence, Let us

Dm　　E　　Am

-nous au chan - ge - ment; Car le goût qui nous
yield our - selves to change; Our com - mon bond in

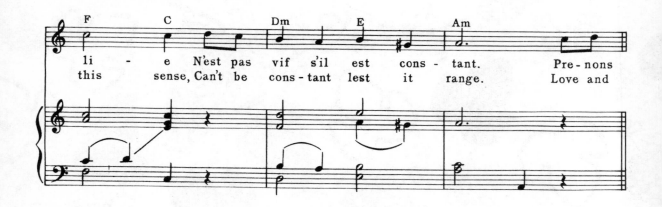

F　　C　　Dm　　E　　Am

li - e N'est pas vif s'il est cons - tant. Pre - nons
this sense, Can't be cons - tant lest it range. Love and

de l'a - mour et du vin, Chan-geons - en du
li - quor, sa - vour the pair, In - ter - change them,

soir au ma - tin, C'est le plus doux des - tin. Pre - nons
dai - ly our care, No for - tune is more rare. Love and

1 Ami, dans cette vie,
   Livrons-nous au changement;
   Car le goût qui nous lie
   N'est pas vif s'il est constant.
   Prenons de l'amour et du vin,
   Changeons-en du soir au matin,   } bis
   C'est le plus doux destin.

2 On ne me voit paraître
   Avec l'air triste ou chagrin,
   Je suis ou voudrais être
   Partout où l'on boit du vin.
   En buvant de ce jus divin
   Du bonheur nous sommes certains   } bis
   En noyant le chagrin.

1 My friend, in this existence
   Let us yield ourselves to change;
   Our common bond in this sense,
   Can't be lively lest it range.
   Love and liquor, savour the pair,
   Interchange them, daily our care,   } twice
   No fortune is more rare.

2 I'm never seen despairing,
   Nor to gloom do I incline;
   I am, or would be, faring
   To wherever one drinks wine.
   As we drink this nectar divine,
   We are sure of pleasure in wine,   } twice
   And all our sorrows drown.

Cet air est l'ancienne contredanse des tricotets qu'aimait particulièrement Henri IV, qui ajouta même, à la fin, un trépignement des pieds. Le mot 'tricotets' indique un mouvement aussi rapide des pieds, que celui des mains qui tricotent. Voir aussi 'Le Godiveau de poisson' (page 74).

This was the traditional dance of the tricotets (tricotet from tricoter, to knit, signifies dance movements of the foot as rapid as those of the hands in knitting). It was a special favourite of Henri IV, who himself added a stamp of feet at the end. See also 'Le Godiveau de poisson' (page 74).

CHANSON DU VIN

Song of the wine

Guitar: tune ⑥ to D

Anjou

Vigorous and rumbustions (♩ = 112)

1 De ferme en vi - gne, La voi -
1 From farm to vine - yard, O the

là la jo - lie vi - gne: Vi - gni, vi - gnons, Vi -
jol - ly, jol - ly vine - yard: With hey and ho, Hey

gni, vi - gnons le vin, La voi - là la jo - lie
non - ny let it flow, Here's the vine all ripe, all

*D chord with the note G on 3rd fret of 1st string.

†D chord with the note E on open 1st string.

100

vigne au vin, La voi-là la jo-lie vi-gne.
ripe for wine, O the jol-ly, jol-ly vine-yard.

1 De ferme en vigne,
La voilà la jolie vigne:
Vigni, vignons,
Vigni, vignons le vin,
La voilà la jolie vigne au vin,
La voilà la jolie vigne.

2 De vigne en cep-e,
Le voilà le joli cep-e:
Cépi, cépons,
Cépi, cépons le vin,
Le voilà le joli cep au vin,
Le voilà le joli cep-e.

3 De cep en grappe,
La voilà la jolie grappe:
Grappi, grappons,
Grappi, grappons le vin,
La voilà la jolie grappe au vin,
La voilà la jolie grappe.

4 De grappe en coupe,
La voilà la jolie coupe:
Coupi, coupons,
Coupi, coupons le vin,
La voilà la jolie coupe au vin,
La voilà la jolie coupe.

5 De coupe en tonne,
La voilà la jolie tonne:
Tonni, tonnons,
Tonni, tonnons le vin,
La voilà la jolie tonne au vin,
La voilà la jolie tonne.

1 From farm to vineyard
O! the jolly jolly vineyard
With hey and ho
Hey nonny let it flow,
Here's the vine all ripe, all ripe for wine,
O! the jolly jolly vineyard.

2 From vine to vine-stock,
O! the jolly jolly vine-stock:
With hey and ho,
Hey nonny let it flow,
Here's the stock all ripe, all ripe for wine,
O! the jolly jolly wine-stock.

3 Vine-stock to grape bunch,
O! the jolly jolly grape bunch:
With hey and ho,
Hey nonny let it flow,
Here are grapes all ripe, all ripe for wine,
O! the jolly jolly grape bunch.

4 From grape to wine cup,
O! the jolly jolly wine cup:
With hey and ho,
Hey nonny let it flow,
Here's the cup all ready, set for wine,
O! the jolly wine cup.

5 From cup to wine cask,
O! the jolly wine cask:
With hey and ho,
Hey nonny let it flow,
Here's the cask all ready set for wine,
O! the jolly wine cask.

6 De tonne en presse,
   La voilà la jolie presse:
   Pressi, pressons,
   Pressi, pressons le vin,
   La voilà la jolie presse au vin,
   La voilà la jolie presse.

7 De presse en cuve,
   La voilà la jolie cuve:
   Cuvi, cuvons,
   Cuvi, cuvons le vin,
   La voilà la jolie cuve au vin,
   La voilà la jolie cuve.

8 De cuve en cave,
   La voilà la jolie cave:
   Cavi, cavons,
   Cavi, cavons le vin,
   La voilà la jolie cave au vin,
   La voilà la jolie cave.

9 De cave en verre,
   Le voilà le joli verre,
   Verri, verrons,
   Verri, verrons le vin,
   Le voilà le joli verre au vin,
   Le voilà le joli verre.

Cette chanson populaire bien connue dans de nombreuses versions, dérive certainement de quelque ancien chant du nouvel an ou de la Saint-Vincent.

6 From cask to wine press,
   O! the jolly jolly wine press:
   With hey and ho,
   Hey nonny let it flow,
   Here's the press all ready set for wine,
   O! the jolly jolly wine press.

7 From press to wine vat,
   O! the jolly jolly wine vat:
   With hey and ho,
   Hey nonny let it flow,
   Here's the vat all ready set for wine,
   O! the jolly jolly wine vat.

8 From vat to cellar,
   O! the jolly jolly cellar:
   With hey and ho,
   Hey nonny let it flow,
   Here's the cellar set and ripe for wine,
   O! the jolly jolly cellar.

9 From vault to wine glass,
   O! the jolly jolly wine glass:
   With hey and ho,
   Hey nonny let it flow,
   Here's a ready glass all set for wine,
   O! the jolly jolly wine glass.

This favourite song, well known in a number of versions, derives from an ancient new year song or a song of the feast of St. Vincent, patron saint of wine-growers.

LA FEMME IVROGNE

The drunken woman

Lyonnais

Emphatically, with zest ($\quad$ = 112)

1 Mar - gue - rite, elle est ma - la - de, Il lui
1 Mar - gue - rite is feel - ing poor - ly, She must

faut le mé - de - cin; Mar - gue - rite, elle est ma - la - de, Il lui
have the doc - tor now; Mar - gue - rite is feel - ing poor - ly, She must

faut, faut, faut, Il lui faut, faut, faut,
have, have, have, She must have, have, have,

Il lui faut le mé - de - cin.
She must have the doc - tor now.

1 Marguerite, elle est malade,
  Il lui faut le médecin;
  Marguerite, elle est malade,
  Il lui faut, faut, faut,   *bis*
  Il lui faut le médecin.

2 Le méd(e)cin qui vient la voir-e
  Lui a défendu le vin;
  Le méd(e)cin qui vient la voir-e
  Lui a dé, dé, dé,   *bis*
  Lui a défendu le vin.

3 — Médecin, va-t'en z'au diable,
  Si tu me défends le vin;
  Médecin, va-t'en z'au diable,
  Si tu me, me, me,   *bis*
  Si tu me défends le vin.

4 Si je meurs, que l'on m'enterre,
  Dedans cette cuve à vin;
  Si je meurs, que l'on m'enterre,
  Dedans cett(e), cett(e), cett(e),   *bis*
  Dedans cette cuve à vin.

1 Marguerite is feeling poorly,
  She must have the doctor now;
  Marguerite is feeling poorly,
  She must have, have, have,   *twice*
  She must have the doctor now.

2 But the doctor who has seen her,
  He has knocked her off the wine;
  But the doctor who has seen her,
  He has knock, knock, knock,   *twice*
  He has knocked her off the wine.

3 Doctor, go to hell, you doctor,
  If you knock me off my wine;
  Doctor, go to hell, you doctor,
  If you knock, knock, knock,   *twice*
  If you knock me off my wine.

4 If I die, let me be buried
  In this wine tub as my grave,
  If I die, let me be buried
  In this wine, wine, wine,   *twice*
  In this wine tub as my grave.

La dernière strophe rappelle une chanson bachique allemande, chantée par les étudiants. Le thème se retrouve dans d'autres provinces de France.

The last verse recalls a German students' drinking song to be found also in various other provinces of France.

LE PETIT VIN DE SIGOURNAY

The little wines of Sigournay

Guitar key: Am

Poitou

Expresive, rhythmic (♩ = 76)

Bé - nis - sons   à   ja - mais__ Le p(e)tit vin   de Si-gour-
Let us   bless all our days, The lit - tle wines of Si-gour-

nay, Bé - nis - sons à ja - mais Le p(e)tit vin de Si-gour-nay. Bé -
nay, Let us   bless all our days, The lit - tle wines of Si-gour-nay. Bless

nis-sons la Sain - ton-ge, L'Au - nis et le Poi - tou; Dieu
we al - so Sain - ton-ge, Au - nis, and too, Poi - tou, May

nous con - ser - ve tous Jus-qu'à-près les____ ven - dan - ges. Bé - nis-
God keep me and you Un - til the har - vest's through. Let us

105

sons à ja - mais___ Le p(e)tit vin de Si - gour - nay, Bé - nis-
bless all our days, The lit - tle wines of Si - gour - nay, Let us

sons à ja - mais Le p(e)tit vin de Si - gour - nay.
bless all our days, The lit - tle wines of Si - gour - nay.

Bénissons à jamais
Le p(e)tit vin de Sigournay,
Bénissons à jamais
Le p(e)tit vin de Sigournay.
Bénissons la Saintonge,
L'Aunis et le Poitou,
Dieu nous conserve tous
Jusqu'après les vendanges.
Bénissons à jamais
Le p(e)tit vin de Sigournay,
Bénissons à jamais
Le p(e)tit vin de Sigournay.

Let us bless all our days,
The little wines of Sigournay,
Let us bless all our days,
The little wines of Sigournay.
Bless we also Saintonge,
Aunis, and too, Poitou,
May God keep me and you
Until the harvest's through.
Let us bless all our days,
The little wines of Sigournay. } *twice*

Les soldats de Monsieur de Charette la chantaient sûrement cette chanson, en suivant leur chef, pendant les guerres de Vendée, et en priant Dieu de les garder 'jusqu'après les vendanges'. Monsieur de Charette, né en 1763 dans la Loire-Inférieure, fut un des chefs des 'Chouans', luttant en Vendée, pour le principe monarchiste, contre la Révolution. Il fut fusillé à Nantes, en 1796.

Monsieur de Charette, born 1763 in the department of the Loire-Inférieure, was a leader of the 'Chouans' monarchists who waged in Vendée a struggle of resistance to the Revolution. He was shot at Nantes in 1796. His soldiers must undoubtedly have sung this song in the Vendée wars, as they prayed God to preserve them 'until the wine harvest's through'.
The 'little (or local) wines' of France, are made and drunk locally, as distinct from the 'grands vins', the more important wines sold further afield.

noels

J'ENTENDS PAR NOTRE RUE

Passing up and down our street

Bourgogne, XVII° siècle

verses 1-4

last time

en — jus - qu'à mé - neu.   2 En- - eu.
sing— till— mid - night hour.   2 No- hour.

1 J'entends par notre rue
  Passer les ménétriers.   } bis
  Ecoutez comme ils jouent
  Sur leurs hautbois des Noëls:
  Nous devant le feu,
  Pour le mieux,
  Chantons-en jusqu'à méneu.[1]

2 En décembre, l'on sonne
  Des Noëls tous les jours.   } bis
  Des chantr(es) à pleine gorge
  En entonn(ent) au coin des rues.
  Nous devant le feu, etc.

3 Les bergers dans la grange
  Voient trembler le Poupon.   } bis
  Ils chant(ent) à sa louange
  Des Noëls de tous les tons.
  Nous devant le feu, etc.

4 La pauvre lavandière
  Au son de son battoir   } bis
  En chante à la rivière,
  Tête au vent, les pieds mouillés.
  Nous devant le feu, etc.

1 I hear the sound of waits
  Passing up and down our street.   } twice
  O listen to their oboes,
  They are playing Noëls sweet;
  Warm beside the fire,
  Little choir,
  We will sing till midnight hour.

2 Noëls are played each day
  With December's storm and sleet.   } twice
  They're sung as loud as can be,
  Startle all the quiet street.
  Warm beside the fire, etc.

3 The shepherds at the stall
  Know the weakling babe they see;   } twice
  And gathered in his honour,
  Sing Noëls in every key.
  Warm beside the fire, etc.

4 The washerwoman poor,
  Scrubs her board and keeps the beat, } twice
  Sings Noël to the river,
  Head in air and wet in feet.
  Warm beside the fire, etc.

[1] minuit.
Ce Noël fait partie d'un des recueils publiés en 1700 et en 1701, sous le pseudonyme Gui Barôzai, par Bernard de la Monnoye, avocat au Parlement de Dijon.

[1]midnight
This Noël is taken from collections published in 1700 and 1701 under the pseudonym of Gui Barôzai, by Bernard de la Monnoye, advocate of the Parliament of Dijon. The ménétriers (=minstrels, latin *ministerialis*) were the country fiddlers, rural counterpart of the minstrels, jongleurs, troubadours of the music of chivalry of the middle ages. In the country the local musicians went about playing for dancing and on all joyful occasions. The oboes, specifically mentioned, were a popular instrument, well suited to the open air.

ENTRE LE BŒUF ET L'ÂNE GRIS

See between ox and small grey ass

XVIIe siècle

17th century

Gentle and quiet (♩ = 80)

1 En - tre le bœuf et — l'â - ne gris, Dort,
1 See, be-tween ox and — small grey ass, Soft,

dort, dort le pe-tit fils; *Mille an-ges di - vins,* *Mil - le sé - ra -*
soft, sleeps the lit-tle son; *An-gels che-rish him,* *And the se - ra -*

phins *Vo-lent à l'en - tour de ce Dieu d'a - mour.*
phim *Ho-ver there a - bove him, The God of love.*

1 Entre le bœuf et l'âne gris,
  Dort, dort, dort le petit fils;
  Mille anges divins,
  Mille séraphins
  Volent à l'entour
  De ce Dieu d'amour.

2 Entre les deux bras de Marie
  Dort, dort, dort le petit fils;
  Mille anges, etc.

3 Entre les roses et les lis
  Dort, dort, dort le petit fils.
  Mille anges, etc.

4 En ce beau jour si solennel
  Dort, dort, dort l'Emmanuel;
  Mille anges, etc.

1 See, between ox and small grey ass,
  Soft, soft, sleeps the little son;
  Angels cherish him,
  And the seraphim
  Hover there above him,
  The God of love.

2 Close between Mary's arms he lies,
  Soft, soft, sleeps the little son;
  Angels cherish him, etc.

3 Lily and rose contain but one,
  Soft, soft, sleeps the little son;
  Angels cherish him, etc.

4 This solemn day with us to dwell,
  Soft, soft, sleeps Emmanuel;
  Angels cherish him, etc.

Les cantiques de la naissance du Christ plaisent au XVIIe siècle autant au peuple qu'à la bourgeoisie. Celui-ci date de 1684 est témoigne d'un raffinement de langage qui l'éloigne quelque peu de la naïveté populaire habituelle.

In the 17th-century songs of the Nativity found equal favour with the simple people and the more sophisticated alike. This song, which dates from 1684, has a distinctive refinement of expression rather than the more usual ingenuousness of the Noël of popular appeal.

IL EST NÉ, LE DIVIN ENFANT

He is born now, the child divine

XVIIIe siècle

18th century

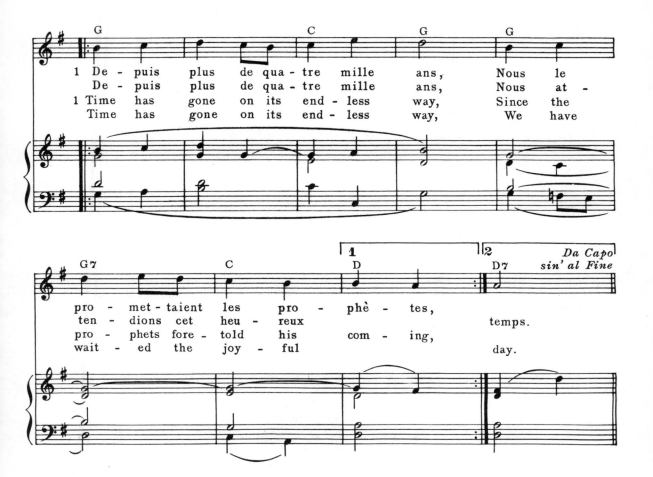

Il est né, le divin Enfant;
Jouez, hautbois, résonnez, musettes;
Il est né, le divin Enfant;
Chantons tous son avènement.

1 Depuis plus de quatre mille ans,
   Nous le promettaient les prophètes,
   Depuis plus de quatre mille ans,
   Nous attendions cet heureux temps.
   Il est né, etc.

2 Ah! qu'il est beau! qu'il est charmant!
   Ah! que ses grâces sont parfaites!
   Ah! qu'il est beau! qu'il est charmant!
   Qu'il est doux, ce divin Enfant!
   Il est né, etc.

He is born now, the child divine,
Play away oboes, and sound, you bagpipes;
He is born, O divine is he;
Let us sing his nativity.

1 Time has gone on its endless way,
   Since the prophets foretold his coming,
   Time has gone on its endless way,
   We have waited the joyful day.
   He is born, etc.

2 O! how fair is he, O! how fair!
   See perfection in all his graces;
   O! how fair is he, O! how fair!
   And how gentle, as he lies there.
   He is born, etc.

3 Une étable est son logement,
Un peu de paille est sa couchette;
Une étable est son logement,
Pour un Dieu quel abaissement!
Il est né, etc.

4 Il veut nos cœurs, il les attend,
Il vient en faire la conquête;
Il veut nos cœurs, il les attend.
Qu'ils soient à lui dès ce moment!
Il est né, etc.

5 Partez, ô rois de l'Orient!
Venez vous unir à nos fêtes;
Partez, ô rois de l'Orient!
Venez adorer cet Enfant.
Il est né, etc.

6 O Jésus! O Roi tout-puissant!
Tout petit enfant que vous êtes,
O Jésus! O Roi tout-puissant!
Régnez sur nous entièrement.
Il est né, etc.

La mélodie de ce Noël est une sonnerie de trompes de chasse du règne de Louis XV.

3 Child of poverty now is he,
But a handful of straw his bedding;
Child of poverty now is he,
O! how humble a God can be!
He is born, etc.

4 He asks us for our hearts today,
He will wait for them, comes to win them;
He asks us for our hearts today,
May he keep them his own always.
He is born, etc.

5 Three Kings, hasten upon your way!
Come, be with us in our rejoicings;
Three Kings, hasten upon your way!
Worship him now on his birthday.
He is born, etc.

6 Jesus, loving almighty King,
You so tiny who come among us,
Jesus, loving almighty King,
Keep us yours, as our hearts we bring.
He is born, etc.

The tune of this Noël is a hunting-horn call of the time of Louis XV.

D'OÙ VIENS-TU, BERGÈRE?

Shepherdess, whence come you?

Version du Canada français
Version from French Canada

1 D'où viens-tu, bergère?
D'où viens-tu?
"Je viens de l'étable,
De m'y promener;
J'ai vu un miracle
Ce soir arrivé."

2 — Qu'as-tu vu, bergère?
Qu'as-tu vu?
— J'ai vu dans la crèche
Un petit enfant
Sur la paille fraîche
Mis bien tendrement.

3 — Rien de plus, bergère?
Rien de plus?
— Saint(e) Marie, sa mère,
Lui fait boir(e) du lait,
Saint Joseph, son père,
Qui tremble de froid.

4 — Rien de plus, bergère?
Rien de plus?
— (Il) y a le boeuf et l'âne,
Qui sont par devant,
Avec leur haleine
Réchauffant l'enfant.

5 — Rien de plus, bergère?
Rien de plus?
— (Il) y a trois petits anges
Descendus du ciel,
Chantant les louanges
Du père éternel!

Dans de nombreuses régions de France existent des variantes de ce Noël; celle-ci est parvenue jusqu'au Canada.

1 Shepherdess, whence come you?
Whence come you?
"I come from the manger,
Where I went to see,
Lying there, the greatest
Miracle to be."

2 Shepherdess, what saw you?
What saw you?
"In the crib I saw there,
Where a little babe
On the fragrant straw there,
Tenderly was laid."

3 Shepherdess, what else then?
What else then?
"There, with milk to feed him,
Mary blest, behold;
While close by, Saint Joseph
Shivers with the cold."

4 Shepherdess, what else then?
What else then?
"Just an ox and ass there,
Guarding him from harm,
So the baby has their
Breath to keep him warm."

5 Shepherdess, what else then?
What else then?
"Cherubs three, I saw them,
Down from heaven flown,
Singing to adore their
God, th'eternal one."

This Noël is to be found in a number of versions in many parts of France; this one has travelled as far as Canada.

songs

of

history

C'ETAIT ANNE DE BRETAGNE
It was Anne of Brittany

XVe siècle
15th century

With a graceful lilt (♩. = 100)

1 C'é-tait An-ne de Bre-ta-gne, Du-chesse en sa-bots,
1 It was Anne of Brit-ta-ny, The du-chess in sa-bots,

Re-ve-nant de ses do-mai-nes, *En sa-bots, mir-li-ton-*
As she came from her do-main *In her sa-bots, mir-li-ton-*

tai-ne, Ah! Ah! Ah! Vi-vent les sa-bots de bois!
Sing the sa-bots made of wood!

Fine

1 C'était Anne de Bretagne, }bis
   Duchesse en sabots,
   Revenant de ses domaines
   En sabots, mirlitontaine,
   Ah! Ah! Ah!
   Vivent les sabots de bois!

2 Voilà qu'aux portes de Rennes, }bis
   Avec des sabots,
   Trouva trois vieux capitaines
   En sabots, etc.

3 Ils saluent leur souveraine, }bis
   Avec des sabots,
   Donnent un bouquet d(e) verveine,
   En sabots, etc.

4 S'il fleurit, vous serez reine, }bis
   Avec des sabots,
   Elle a fleuri, la verveine,
   En sabots, etc.

5 Anne de Bretagn(e) fut reine, }bis
   Avec des sabots,
   Les Bretons sont dans la peine,
   En sabots, etc.

6 Les Bretons sont dans la peine, }bis
   Avec des sabots,
   Ont perdu leur souveraine,
   En sabots, etc.

Anne, duchesse de Bretagne, épousa en 1491, le roi de France Charles VIII. Voir une autre version: 'En passant par la Lorraine' (page 9).

1 It was Anne of Brittany, }twice
   The duchess in sabots,
   As she came from her domain
   In her sabots, mirlitontaine,
   Ah! Ah! Ah!
   Sing the sabots made of wood!

2 At the city gates of Rennes, }twice
   The duchess in sabots,
   There she found three agèd captains,
   In her sabots, etc.

3 They salute their sovereign, }twice
   The duchess in sabots,
   With a bouquet of vervain,
   In her sabots, etc.

4 If it blossoms, you'll be queen, }twice
   The duchess in sabots,
   There is bloom on the vervain,
   In her sabots, etc.

5 Anne of Brittany was queen, }twice
   The duchess in sabots,
   Bretons travail sore in pain,
   In her sabots, etc.

6 Bretons travail sore in pain, }twice
   The duchess in sabots,
   They have lost their sovereign,
   In her sabots, etc.

Anne, Duchess of Brittany, married in 1491, King Charles VIII of France. For another version, see 'As I journeyed by Lorraine' (page 9).

REVEILLEZ-VOUS, PICARDS

Rouse up, Picards

XVe siècle
15th century

Strong and bleak (♩ = 76)

1 Ré - veil - lez-vous, Pi - cards, Pi - cards et Bour-gui-gnons, Et trou-vez la ma - niè - re d'a-voir de bons bâ-tons: Car voi - ci le prin - temps et aus - si la sai - son Pour al - ler à la guer - re don - ner des ho - ri-

1 Rouse up, Pi - cards, and you, Bur - gun - dians, to a man, And see you get good staves, ___ pre-pare as best you can: For spring is here, the hour and sea - son we must go To car - ry on the war and to round-ly trounce the

120

1 Réveillez-vous, Picards, Picards et
    Bourguignons,
  Et trouvez la manière d'avoir de
    bons bâtons :
  Car voici le printemps et aussi la saison
  Pour aller à la guerre donner des horions.

2 Tel parle de la guerr(e) qui ne sait ce
    que c'est.
  Je vous jure mon âme que c'est un
    piteux fait,
  Et que maint homme d'arm(es) et
    gentil compagnon
  Y ont perdu la vie et robe et chaperon.

3 Où est ce duc d'Autrich(e) ? Il est
    au Pays-Bas,
  Il est en Basse-Flandre avec tous ses
    Picards
  Qui nuit et jour le prient qu'il les veuille
    mener
  En la Haute-Bourgogne, pour la lui
    ramener.

4 Adieu, adieu Salins, Salins et Besançon,
  Et la ville de Beaune, là où les bons
    vins sont ;
  Les Picards les ont bus, les Flamands
    les paieront,
  Quatre patards[1] la pinte[2] ou bien
    battus seront.

[1] ancienne petite monnaie de cuivre.
[2] ancienne mesure de capacité.
Il est question, dans cette chanson, de la lutte
entreprise contre le roi de France, Louis XI,
par Maximilien d'Autriche, pour défendre les
biens de son épouse Marie de Bourgogne.

1 Rouse up, Picards, and you, Burgundians,
    to a man,
  And see you get good staves, prepare as
    best you can :
  For spring is here, the hour and season
    we must go
  To carry on the war and to roundly
    trounce the foe.

2 A man may talk of war, who has no
    cause to know.
  I swear upon my soul, it is a thing of woe,
  Where countless men of arms,
    companions gentle, brave,
  Have lost their lives, their all, and not a
    soul to save.

3 Where is he, Austria's duke ? Away on
    Flanders plain,
  His Picards with him there, pray all with
    might and main
  The prayer they pray by day, the prayer
    they pray by night,
  That he will bring them back to win
    Burgundy again.

4 Adieu to Besançon, to Salins, and
    to Beaune,
  That little town at home where the good
    wines are grown ;
  They're drunk by the Picards, the
    Flemish foot the bill,
  A pint for four brass coins, or they'll be
    out to kill.

[1] brass coinage (obs)
[2] measure of capacity (obs)
This song refers to the struggle with Louis XI
of France by the Emperor Maximilian of
Austria, to defend the rights of his wife, Marie
of Burgundy.

MONSIEUR DE LA PALISSE

Monsieur de la Palisse

1 Messieurs, vous plaît - il d'ou - ïr L'air du fa - meux La Pa - lis - se? Il pour - ra vous ré - jou - ir, Pour-vu qu'il vous di - ver - tis - se. La Pa - lisse eut peu de bien, Pour sou - te - nir sa nais - san - ce;

1 May it please you, sirs, to hear La Pa - lis - se's fa - mous dit - ty? You may find di - ver - sion if It has some - thing bright and wit - ty. La Pa - lisse when he was born, He was broke then, if not ston - y;

* D chord with the note G on 3rd fret of 1st string

† D chord with the note E on open 1st string

Mais il ne man - qua de rien, Dès qu'il fut dans l'a - bon - dan - ce.
But he ne - ver suf-fered want, From the mo - ment he had mo - ney.

1 Messieurs, vous plaît-il d'ouïr
L'air du fameux La Palisse?
Il pourra vous réjouir,
Pourvu qu'il vous divertisse.
La Palisse eut peu de bien,
Pour soutenir sa naissance;
Mais il ne manqua de rien,
Dès qu'il fut dans l'abondance.

2 Bien instruit dès le berceau,
Jamais, tant il fut honnête,
Il ne mettait son chapeau,
Qu'il ne se couvrît la tête.
Il était affable et doux,
De l'humeur de feu son père,
Et n'entrait guère en courroux
Si ce n'est dans la colère.

3 Il buvait tous les matins,
Un doigt, tiré de la tonne,
Et mangeant chez ses voisins,
Il s'y trouvait en personne.
Il voulait, dans ses repas,
Des mets exquis et fort tendres,
Et faisait son Mardi gras,
Toujours la veille des Cendres.

4 Ses valets étaient soigneux
De le servir d'andouillettes,
Et n'oubliaient pas les œufs,
Surtout dans les omelettes.
De l'inventeur du raisin,
Il révérait la mémoire;
Et pour bien goûter le vin,
Jugeait qu'il en fallait boire.

1 May it please you, sirs, to hear
La Palisse's famous ditty?
You may find diversion if
It has something bright and witty.
La Palisse when he was born,
He was broke then, if not stony;
But he never suffered want,
From the moment he had money.

2 From the cradle well brought up,
Ever courteous in his get-up,
He would not put on his hat
Without covering his head up.
He was affable and mild,
Of his late-dead father's mettle,
Never got in rages wild
Lest he raged at rows to settle.

3 Every morning he would drink,
At the bung a measured finger,
With his neighbours swill and swink,
While in person there would linger.
He was fond of dainty fare,
Never sweetmeats could refuse; they
By Ash Wednesday were gone:
He had had them on Shrove Tuesday.

4 Servants had he, who took care
To serve sausages, the best yet;
Eggs they likewise did not spare,
And especially in omelettes.
He did homage to his god,
And revered the vine's creator;
Held it best to judge the wine
By its taste and from its maker.

5 Il brillait comme un soleil,
  Sa chevelure était blonde;
  Il n'eût pas eu son pareil,
  S'il eût été seul au monde.
  Il eut des talents divers,
  Même on assure une chose,
  Quand il écrivait en vers,
  Qu'il n'écrivait pas en prose.

6 Il voyageait volontiers,
  Courant partout le royaume;
  Quand il était à Poitiers
  Il n'était pas à Vendôme.
  Il se plaisait en bateau,
  Et soit en paix, soit en guerre,
  Il allait toujours par eau,
  Quand il n'allait pas par terre.

7 C'était un homme de cœur,
  Insatiable de gloire;
  Lorsqu'il était vainqueur,
  Il remportait la victoire.
  Les places qu'il attaquait
  A peine osaient se défendre,
  Et jamais, il ne manquait
  Celles qu'on lui voyait prendre.

8 Monsieur d(e) La Palisse est mort,
  Il est mort devant Pavie;
  Un quart d'heure avant sa mort
  Il était encore en vie.
  Il fut, par un triste sort,
  Blessé d'une main cruelle,
  On croit, puisqu'il en est mort,
  Que la plaie était mortelle.

9 Regretté de ses soldats,
  Il mourut digne d'envie,
  Et le jour de son trépas
  Fut le dernier de sa vie!
  Il mourut le vendredi,
  Le dernier jour de son âge,
  S'il fut mort le samedi,
  Il eût vécu davantage.

Monsieur de La Palisse mourut à la bataille de Pavie en 1525. Ses soldats firent en son honneur une chanson qui, maladroite, en devint comique. Au XVIIIe siècle, La Monnoye refit cette chanson, sur un ancien air de Noël, en lui donnant une allure plus humoristique encore.

5 Bright he glittered as a sun,
  Golden-haired, caused admiration;
  There would be none other such
  If alone he were all creation.
  He had talents, rare, diverse,
  All but he himself were certain,
  When he poems composed in verse,
  It was not in prose he'd written.

6 He made voyages about
  Every quarter of his kingdom;
  When from Poitiers he set out,
  He had not arrived in Vendôme.
  He took pleasure in a ship,
  If he went by boat, would rather
  Never travel overland
  When he travelled there by water.

7 He was bold and great of heart,
  And insatiable of glory;
  When he was the victor, he
  Had, moreover won the victory.
  Where he made his big attack,
  People scarcely dared resist him,
  But he never turned his back
  On a place that could assist him.

8 De la Palisse he lies dead,
  Before Pavie met his licking;
  Fifteen minutes ere he died,
  He was still alive and kicking.
  By a cruel fate he died,
  Of a deadly wound and mortal,
  He expired of it, and so
  They presumed it must be fatal.

9 Mourned by all his soldiery,
  To be envied in his end here,
  He, the day of his demise,
  Had the very last he spent here!
  On a Friday he passed out,
  On his last day never stronger,
  If he'd died on Saturday,
  He'd have lasted twelve hours longer.

Monsieur de la Palisse perished in the battle of Pavie in 1525. His soldiers made a song in his honour, so bad that it was comic. It was given the crowning touch by La Monnoye in the 18th century, who set it to an early Noël tune and made it even more absurd.

LE CONVOI DU DUC DE GUISE

The obsequies of the duc de Guise

XVIe siècle

16th century

Guitar key: Em

Sturdy and sombre (♩=152)

1 Qui veut ou-ïr chan-son? Qui veut ou-ïr chan-son? C'est le grand duc de Gui - se, Et bon, bon, bon, bon, Di, dan, di, dan, bon, Qu(i)est mort et en - ter - ré!

1 Who heark-ens to my song? Who heark-ens to my song? It's of the duc de Gui - se, And bom, bom, bom, bom, Dee - dle, dad - dle boom, He's dead and in the tomb.

1 Qui veut ouïr chanson? *bis*
C'est le grand duc de Guise,
Et bon, bon, bon, bon,
Di, dan, di, dan, bon,
Qu(i) est mort et enterré!

2 Qu(i) est mort et enterré *bis*
Aux quatre coins du poële,
Et bon, bon, bon, bon,
Di, dan, di, dan, bon,
Quatr(e) gentilshomm(es) (il) y avait.

3 Quatr(e) gentilshomm(es) (il) y avait, *bis*
Dont l'un portait son casque,
Et bon, bon, bon, bon,
Di, dan, di, dan, bon,
L'autre ses pistolets.

4 L'autre ses pistolets, *bis*
Et l'autre son épée,
Et bon, bon, bon, bon,
Di, dan, di, dan, bon,
Qui tant d(e) Hug(ue)nots a tués.

5 Qui tant d(e) Hug(ue)nots a tués *bis*
Venait le quatrième.
Et bon, bon, bon, bon,
Di, dan, di, dan, bon,
Qu(i) était le plus dolent.

6 Qu(i) était le plus dolent, *bis*
Après venaient les pages,
Et bon, bon, bon, bon,
Di, dan, di, dan, bon,
Et les valets de pied.

7 Et les valets de pied, *bis*
Avec de très grands crêpes,
Et bon, bon, bon, bon,
Di, dan, di, dan, bon,
Et des souliers cirés.

8 Et des souliers cirés, *bis*
Et des beaux bas d'Estame,[1]
Et bon, bon, bon, bon,
Di, dan, di, dan, bon,
Et des culottes de peau.

9 Et des culott(es) de peau, *bis*
La cérémonie faite,
Et bon, bon, bon, bon,
Di, dan, di, dan, bon,
Chacun s'alla coucher.

1 Who hearkens to my song? *twice*
It's of the duc de Guise,
And bom, bom, bom, bom,
Deedle, daddle boom,
He's dead and in the tomb!

2 He's dead and in the tomb; *twice*
About his pall as watchers,
And bom, bom, bom, bom,
Deedle, daddle boom,
Four gentlemen there stood.

3 Four gentlemen there stood: *twice*
One man displayed his helmet,
And bom, bom, bom, bom,
Deedle, daddle boom,
His pistols one showed forth.

4 His pistols one showed forth; *twice*
A third, his sword that slaughtered
And bom, bom, bom, bom,
Deedle, daddle boom,
So many Huguenots.

5 So many Huguenots. *twice*
And then the fourth man followed,
And bom, bom, bom, bom,
Deedle, daddle boom,
The saddest of them all.

6 The saddest of them all. *twice*
And then there came the pages,
And bom, bom, bom, bom,
Deedle, daddle, boom,
And footmen came behind.

7 And footmen came behind, *twice*
With big crêpe bands of mourning,
And bom, bom, bom, bom,
Deedle, daddle, boom,
And boots all polished up.

8 And boots all polished up; *twice*
They stockings of fine worsted,
And bom, bom, bom, bom,
Deedle, daddle, boom,
And leather breeches wore.

9 And leather breeches wore. *twice*
The ceremony over,
And bom, bom, bom, bom,
Deedle, daddle, boom,
They all went home to bed.

10 Chacun s'alla coucher,   *bis*
   Les uns avec leurs femmes,
   Et bon, bon, bon, bon,
   Di, dan, di, dan, bon,
   Et les autres tout seuls.

[1] laine tricotée à l'aiguille.
François de Lorraine, duc de Guise, grand défenseur du catholicisme pendant la Réforme, fut, dit-on, tué par trois balles empoisonnées que tira sur lui, le 18 février 1563, un Réformé: Poltrot de Méré.
Cette complainte est une des devancières de la chanson de Malbrough (page 130).

10 They all went home to bed;   *twice*
   Some of them took their women,
   And bom, bom, bom, bom,
   Deedle, daddle boom,
   And some went home alone.

François of Lorraine, duc de Guise, premier defender of the catholic faith during the Reformation, is said to have met his death from three poisoned bullets at the hand of one of his opponents, Poltrot de Méré. This lament is a precursor of the ballad of Marlborough (page 130).

127

J'AIME MIEUX MA MIE, O GUÉ!

I would have my love, O gay!

XVIIe siècle
17th century

* pronounce as in French.

gué, j'ai - me mieux ma _ mi - e!
gay, I would have my _ sweet - ing!

Si le Roi m'avait donné Paris la grand(e)
  ville,
Et qu'il me voulut ôter l'amour de ma mie,
Je dirais au roi Henry: reprenez votre Paris,
J'aime mieux ma mie, O gué, j'aime mieux
  ma mie!

If the King had given me the great city of
  Paris,*
And if he would sunder me from my love's
  true love sweet,
To King Henry I would say: take your city,
  take Paris,
I would have my love, O gay, I would have
  my sweeting!

* pronounce as in French.

Variante d'une chanson attribuée à Du Caurroy,
Maître de la Chapelle Royale sous Henri IV, et
introduite par Molière dans *Le Misanthrope*.
Le père de Henri IV, Antoine de Bourbon,
possédait, sur le bord de la Loire, le château de
Bonne Aventure, où Ronsard avait composé une
chanson dont le refrain était:
    'La bonne aventure au gué!
    la bonne aventure!'
Gué! serait, sans doute, le nom du village voisin
du château: 'Gué du Loir', et serait devenu
plus tard synonyme de gai dans de nombreuses
chansons, ainsi qu'on le trouve dans: 'Allons,
gai, ma mignonne'.

Variant of the song attributed to Du Caurroy,
Master of the Chapel Royal under Henry IV,
introduced by Molière in *The Misanthrope*.
Antoine de Bourbon, father of Henry IV, owned
the château of Bonne Aventure on the banks of
the Loire, where Ronsard had earlier composed
a song with the refrain: 'La bonne aventure, au
gué!' ('The glad advanture at Gué!') in which
Gué was probably the name of the village near-
by the château, 'Gué du Loir', and which in
the course of time came to mean the same as gay
in many songs, as it does in 'Allons, gai, ma
mignonne'.

MALBROUGH S'EN VA-T-EN GUERRE
Great Marlborough's off to battle

XVIIIe siècle
18th century

1 Malbrough s'en va-t-en guerre,	1 Great Marlborough's off to battle,
Mironton, mironton, mirontaine,	*Birra-bom, rat-a-tat, rat-a-tattle,*
Malbrough s'en va-t-en guerre,	Great Marlborough's off to battle,
Ne sait quand reviendra.	Who knows when he'll be back.
Ne sait quand reviendra,	Who knows when he'll be back,
Ne sait quand reviendra,	Who knows when he'll be back,

2 Il reviendra z'à Pâques	2 He's coming back at Easter,
Mironton, mironton, mirontaine,	*Birra-bom, rat-a-tat, rat-a-tattle,*
Il reviendra z'à Pâques	He's coming back at Easter,
Ou à la Trinité,	Or time for Trinity.
Ou à la Trinité. *bis*	Or time for Trinity, *twice*

3 La Trinité se passe,	3 But Trinity is over,
Mironton, mironton, mirontaine,	*Birra-bom, rat-a-tat, rat-a-tattle,*
La Trinité se passe,	But Trinity is over,
Malbrough ne revient pas,	And Marlborough's not come back.
Malbrough ne revient pas. *bis*	And Marlborough's not come back, *twice*

4 Madame à sa tour monte,	4 His spouse climbs up her turret,
Mironton, mironton, mirontaine,	*Birra-bom, rat-a-tat, rat-a-tattle,*
Madame à sa tour monte,	His spouse climbs up her turret,
Si haut qu'elle peut monter.	As high as she can get.
Si haut qu'elle peut monter, *bis*	As high as she can get, *twice*

5 Ell(e) voit venir son page,	5 She sees her page approaching,
Mironton, mironton, mirontaine,	*Birra-bom, rat-a-tat, rat-a-tattle,*
Ell(e) voit venir son page,	She sees her page approaching,
Tout de noir habillé.	Approaching dressed in black.
Tout de noir habillé, *bis*	Approaching dressed in black, *twice*

6 "Beau page, mon beau page,	6 "My page, oh good my page-boy,
Mironton, mironton, mirontaine,	*Birra-bom, rat-a-tat, rat-a-tattle,*
Beau page, mon beau page,	My page, oh good my page-boy
Quell(es) nouvell(es) apportez?	What tidings bring you back?
Quell(es) nouvell(es) apportez?" *bis*	What tidings bring you back?" *twice*

7 "Aux nouvell(es) que j'apporte,	7 "The tidings that I bring you,
Mironton, mironton, mirontaine,	*Birra-bom, rat-a-tat, rat-a-tattle,*
Aux nouvell(es) que j'apporte,	The tidings that I bring you
Vos beaux yeux vont pleurer.	Will make your sweet eyes weep.
Vos beaux yeux vont pleurer, *bis*	Will make your sweet eyes weep, *twice*

8 Quittez vos habits roses,	8 Put off your rosy garments,
Mironton, mironton, mirontaine,	*Birra-bom, rat-a-tat, rat-a-tattle,*
Quittez vos habits roses,	Put off your rosy garments,
Et vos satins brochés.	Your figured satins too,
Et vos satins brochés, *bis*	Your figured satins too, *twice*

9 Monsieur Malbrough est mor(t)-e
   Mironton, mironton, mirontaine,
   Monsieur Malbrough est mor(t)-e
   Est mort et enterré.
   Est mort et enterré,   *bis*

10 J(e) l'ai vu porter en terre,
   Mironton, mironton, mirontaine,
   J(e) l'ai vu porter en terre,
   Par quatre-z-officiers.
   Par quatre-z-officiers,   *bis*

11 L'un portait sa cuirasse,
   Mironton, mironton, mirontaine,
   L'un portait sa cuirasse,
   L'autre son bouclier.
   L'autre son bouclier,   *bis*

12 L'un portait son grand sabre,
   Mironton, mironton, mirontaine,
   L'un portait son grand sabre,
   L'autre ne portait rien.
   L'autre ne portait rien,   *bis*

13 A l'entour de sa tombe,
   Mironton, mironton; mirontaine,
   A l'entour de sa tombe,
   Romarins on planta.
   Romarins on planta,   *bis*

14 Sur la plus haute branche,
   Mironton, mironton, mirontaine,
   Sur la plus haute branche,
   Un rossignol chanta.
   Un rossignol chanta,   .   *bis*

15 On vit voler son âme,
   Mironton, mironton, mirontaine,
   On vit voler son âme,
   Au travers des lauriers.
   Au travers des lauriers,   *bis*

16 Chacun mit ventre à terre,
   Mironton, mironton, mirontaine,
   Chacun mit ventre à terre,
   Et puis se releva.
   Et puis se releva,   *bis*

17 Pour chanter la victoire,
   Mironton, mironton, mirontaine,
   Pour chanter la victoire,
   Que Malbrough remporta.
   Que Malbrough remporta,   *bis*

9 Our Marlborough's dead and done for,
   Birra-bom, rat-a-tat, rat-a-tattle,
   Our Marlborough's dead and done for,
   He's lying in the tomb.
   He's lying in the tomb,   *twice*

10 I saw him borne to burial,
   Birra-bom, rat-a-tat, rat-a-tattle,
   I saw him borne to burial
   By four fine men-at-arms.
   By four fine men-at-arms,   *twice*

11 One bore along his breastplate,
   Birra-bom, rat-a-tat, rat-a-tattle,
   One bore along his breastplate,
   Another bore his shield.
   Another bore his shield,   *twice*

12 One carried his great sabre,
   Birra-bom, rat-a-tat, rat-a-tattle,
   One carried his great sabre,
   And one he carried nought.
   And one he carried nought,   *twice*

13 And all about his tomb there,
   Birra-bom, rat-a-tat, rat-a-tattle,
   And all about his tomb there,
   They planted rosemary.
   They planted rosemary,   *twice*

14 Upon the highest branches,
   Birra-bom, rat-a-tat, rat-a-tattle,
   Upon the highest branches
   There sang a nightingale.
   There sang a nightingale,   *twice*

15 They saw his soul ascending,
   Birra-bom, rat-a-tat, rat-a-tattle,
   They saw his soul ascending
   From out the laurel grove.
   From out the laurel grove,   *twice*

16 Prostrate were all in homage,
   Birra-bom, rat-a-tat, rat-a-tattle,
   Prostrate were all in homage,
   And then stood up again.
   And then stood up again,   *twice*

17 To sing in praise of victory,
   Birra-bom, rat-a-tat, rat-a-tattle,
   To sing in praise of victory
   That Marlborough had won.
   That Marlborough had won,   *twice*

18 La cérémonie faite,
   Mironton, mironton, mirontaine,
   La cérémonie faite,
   Chacun s'en fut coucher.
   Chacun s'en fut coucher,   *bis*

19 Les uns avec leurs femmes,
   Mironton, mironton, mirontaine,
   Les uns avec leurs femmes,
   Et les autres tout seuls!
   Et les autres tout seuls!   *bis*

20 J(e) n'en dis pas davantage,
   Mironton, mironton, mirontaine,
   J(e) n'en dis pas davantage,
   Car en voilà z'assez!"
   Car en voilà z'assez!"   *bis*

L'Anglais John Churchill, duc de Malborough, dirigeait en 1702, la coalition contre Louis XIV. Le même thème avait déjà été utilisé, au XVIe siècle, pour 'Le convoi du duc de Guise' (page 125).

18 The ceremony ended,
   Birra-bom, rat-a-tat, rat-a-tattle,
   The ceremony ended,
   They all went home to bed.
   They all went home to bed,   *twice*

19 And some went with their women,
   Birra-bom, rat-a-tat, rat-a-tattle,
   And some went with their women,
   And others went alone.
   And others went alone,   *twice*

20 Well, I've no more to say now,
   Birra-bom, rat-a-tat, rat-a-tattle,
   Well, I've no more to say now,
   We've all had quite enough!
   We've all had quite enough!   *twice*

The Englishman, John Churchill, Duke of Marlborough, led the coalition of 1702 against Louis XIV.
A similar theme had been sung in the 16th century for 'The obsequies of the duc de Guise' (see page 125).

LA CARMAGNOLE

The Carmagnole

(*The Enemies of France*)

Martial and stirring (♩·=126)

1 De la Fran - ce les en - ne - mis Comp -
Mais nos gé - né - raux ré - u - nis, Au
1 The e - ne - mies of France had thought To
But by our gene - rals they were taught A

taient mar - cher droit à Pa - ris,
lieu de ça les ont oc - cis.
march on Pa - ris as they fought,
les - son, so they came to naught.

Nos vœux sont ac - com - plis, Nous
Our fond - est hopes are brought To

*D chord with the note E on open 1st string

1 De la France les ennemis
Comptaient marcher droit à Paris,
Mais nos généraux réunis,
Au lieu de ça les ont occis.
Nos vœux sont accomplis,
Nous sommes réjouis.
Dansons la carmagnole!
Vive le son, vive le son!
Dansons la carmagnole!
Vive le son du canon!

1 The enemies of France had thought
To march on Paris as they fought,
But by our generals they were taught
A lesson, so they came to naught.
Our fondest hopes are brought
To fruit, with joy are fraught.
Come dance the carmagnole!
Hear it today, hear it some more!
Come dance the carmagnole!
Here's to the great cannon's roar!

2 Un jour le Français se fâcha   *bis*
  Et tout debout il se leva;   *bis*
  Dès lors le Parisien
  Adopta ce refrain:
  Dansons la carmagnole! etc.

3 Ce peuple demandait son bien   *bis*
  Mais c(e) pendant on n(e) lui   *bis*
  rendait rien;
  On avait force amis
  Qui devaient à Paris
  Danser la carmagnole! etc.

4 Le Français était enchanté   *bis*
  D'avoir conquis sa liberté;   *bis*
  L'argent disparaissait
  Mais le Français chantait:
  Dansons la carmagnole! etc.

5 Que devenait tout cet argent!   *bis*
  A Vienne il allait sourdement   *bis*
  Payer les violons
  Qui devaient aux moissons
  Nous jouer la carmagnole! etc.

6 La Prusse était dans le complot   *bis*
  Mais bientôt on découvrit l(e) pot;   *bis*
  A certain général
  D'abord on donna l(e) bal
  Sur l'air d(e) la carmagnole, etc.

7 Le grand Brunswick est décampé   *bis*
  Mais Monsieur d(e) Sax(e) nous est
    resté;   *bis*
  S'il nous brûle aujourd'hui,
  Nous le brûlerons, lui,
  Sur l'air d(e) la carmagnole! etc.

2 One day the Frenchman swore to fight *twice*
  He reared himself and drew upright: *twice*
  Since when the Parisian
  Adopted this refrain:
  Come dance the carmagnole! . . . etc.

3 He'd have his honest rights, he swore,
                          twice
  But all he got was nothing more.   *twice*
  One's friends were there, but they
  To Paris took their way.
  To dance the carmagnole! . . . etc.

4 The Frenchman was agog with glee   *twice*
  That he had saved his liberty;   *twice*
  The money all was gone,
  Yet this was all his song:
  Come dance the carmagnole! . . . etc.

5 But where on earth's the money gone? *twice*
  Gone in Vienna for a song.   *twice*
  The fiddlers get the dough
  The harvesters forego
  To play the carmagnole! . . . etc.

6 The Prussian, party to the plot,   *twice*
  Was wily, but they found him out;   *twice*
  A brass hat was the guest
  Of honour at the feast,
  To strains of carmagnole! . . . etc.

7 The famous Brunswick's got away   *twice*
  Monsieur of Saxony's to stay;   *twice*
  If he burns us, it's plain,
  We'll clobber him again,
  To strains of carmagnole! . . . etc.

Une des versions de la carmagnole, chantée en 1792, quand les Français s'enrôlèrent avec enthousiasme pour chasser l'ennemi, la Patrie ayant été déclarée en danger.
La veste dite carmagnole, fut apportée en France par des ouvriers piémontais originaires de Carmagnola.
Les fédérés marseillais l'importèrent à Paris où elle fut adoptée par les révolutionnaires. Une sorte de ronde dansée prit ce nom ainsi que la chanson qui l'accompagnait.

One of the versions of the carmagnole sung in 1792 when the French mustered to arms at the declaration of national emergency. Carmagnole was the name of the workman's jacket known in France as it was worn by Piedmontese peasant workers from Carmagnola. The federated Marseillais brought it to Paris, where it was adopted by the revolutionaries—hence, the name was attached to a popular round dance and its topical song.

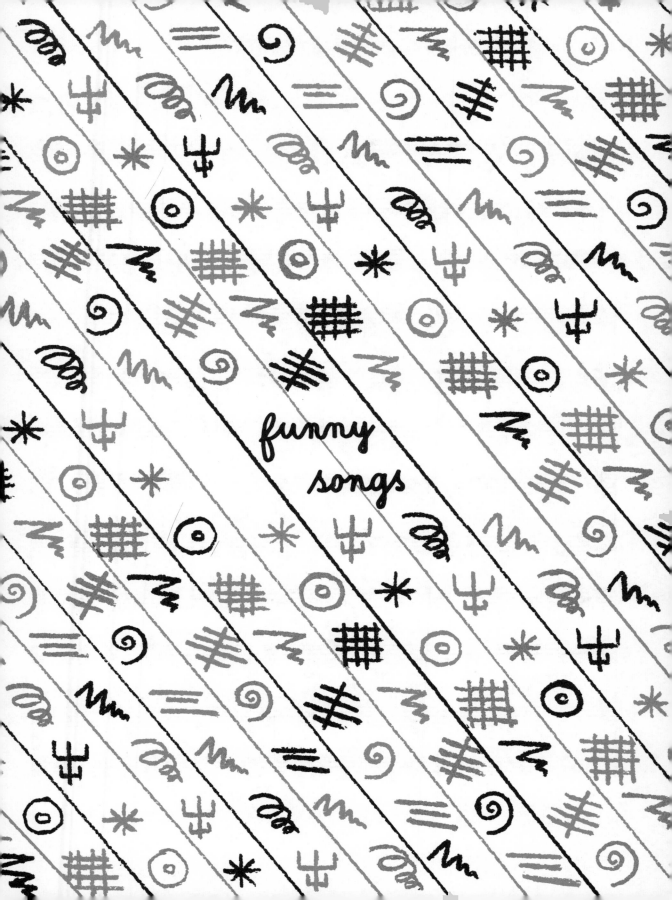

funny

songs

EN REVENANT DE VERSAILLES

From Versailles I was returning

XVIIe siècle
17th century

With firm rhythm (♩= 92)

1 En re - ve - nant de Ver - sail - les, En pas -
1 From Ver - sailles I was re - turn - ing, In Saint -

sant de - dans Saint - Cloud: Je trou - vai un p(e)tit bon -
Cloud was pas - sing by; There I met a lit - tle

hom - me Qu(i)a - vait sa femme à son cou; Je suis
fel - low With a mill - stone of a wife; I am

saoul de ma fem - me, L'a - chè - te - rez - vous?
sick of her: Will you buy her, will you buy?

1 En revenant de Versailles,
  En passant dedans Saint-Cloud : } *bis*
  Je trouvai un p(e)tit bonhomme
  Qu(i) avait sa femme à son cou ;
  Je suis saoul de ma femme,
  L'achèterez-vous ?

2 Je trouvai un p(e)tit bonhomme,
  Qu(i) avait sa femme à son cou ; } *bis*
  Je lui dis : — petit bonhomme,
  Qu'avez-vous à votre cou ?
  Je suis saoul de ma femme,
  L'achèterez-vous ?

3 Je lui dis : — petit bonhomme
  Qu'avez-vous à votre cou ? } *bis*
  — Je porte ma femme vendre,
  Monsieur, l'achèterez-vous ?
  Je suis saoul de ma femme,
  L'achèterez-vous ?

4 Je porte ma femme vendre,
  Monsieur, l'achèterez-vous ? } *bis*
  — Ell(e) m'a coûté cinq cents livres,
  Vous la donnerai pour cinq sous,
  Je suis saoul de ma femme,
  L'achèterez-vous ?

5 Ell(e) m'a coûté cinq cents livres,
  Vous la donnerai pour cinq sous, } *bis*
  Quoique le marché se fasse,
  La retiens pour mon mois d'Août.
  Je suis saoul de ma femme,
  L'achèterez-vous ?

Chanson à danser en rond, très connue au XVIIe siècle et imprimée pour première fois au début du XVIIIe siècle, en 1704, par Christophe Ballard, 'seul imprimeur de musique et noteur de la Chapelle du Roy'.

1 From Versailles I was returning,
  In Saint-Cloud was passing by ; } *twice*
  There I met a little fellow
  With a mill-stone of a wife ;
  I am sick of her,
  Will you buy her, will you buy ?

2 There I met a little fellow
  With a mill-stone of a wife ; } *twice*
  I inquired : Good little fellow,
  Round your neck what's this for tie ?
  I am sick of her,
  Will you buy her, will you buy ?

3 I inquired : Good little fellow,
  Round your neck what's this for tie ? } *twice*
  I've put up my wife for sale, sir,
  Please sir, will you, won't you buy ?
  I am sick of her,
  Will you buy her, will you buy ?

4 I've put up my wife for sale, sir,
  Please sir, will you, won't you buy ? } *twice*
  She cost me five hundred pounds, sir,
  Five sous only, yours to buy.
  I am sick of her,
  Will you buy her, will you buy ?

5 She cost me five hundred pounds,
    sir, } *twice*
  Five sous only, yours to buy,
  Though the market's good and ready,
  I'll keep her till August's by.
  I am sick of her,
  Will you buy her, will you buy ?

A ring dance widely known in the 17th century, first published in 1704 by Christophe Ballard, 'sole printer of music and keeper of the music of the King's Chapel'.

A LA MONTAGNE
(bourrée)
There, up the mountain

Guitar key : E

Strongly rhythmical (♩ = 104)

Gascogne

1 A la mon - ta - gne, Ma mè - re,
1 There, up the moun - tain, My mo - ther,

A la mon - ta - gne, A la mon - ta - gne, On
There, up the moun - tain, There, up the moun - tain, They

joue du vi - o - lon, Ma mè - re, A la mon -
play the vi - o - lin, My mo - ther, There up the

ta - gne, On joue du vi - o - lon.
moun - tain, They play the vi - o - lin.

*The guitar should keep the left hand rhythm of the piano throughout.

†E major with the note C♯ on 2nd fret of 2nd string. N.B. The alteration between C♯ and B on the 2nd string will be clearer if the 1st string (open E) is not played.

1 A la montagne,
Ma mère,
A la montagne,
A la montagne,
On joue du violon,
Ma mère,
A la montagne,
On joue du violon.
} bis

1 There, up the mountain,
My mother,
There, up the mountain,
There, up the mountain,
They play the violin,
My mother,
There, up the mountain,
They play the violin.
} twice

2 Et si l'on en joue,
Ma mère,
Et si l'on en joue,
Et si l'on en joue,
Il faut aller danser,
Ma mère,
Et si l'on en joue,
Il faut aller danser.
} bis

2 If there is playing,
My mother,
If there is playing,
If there is playing,
Then one must go and dance,
My mother,
If there is playing,
Then one must go and dance.
} twice

3 Si tu vas danser,
Ma fille,
Si tu vas danser,
Si tu vas danser,
Ton mari te battra,
Ma fille,
Si tu vas danser,
Ton mari te battra.
} bis

3 If you go dancing,
My daughter,
If you go dancing,
If you go dancing,
Your husband will beat you,
My daughter,
If you go dancing,
Your husband will beat you.
} twice

4 Eh! qu'il me batte,
Ma mère,
Eh! qu'il me batte,
Eh! qu'il me batte,
Alors je lui rendrai.
Ma mère,
Eh! qu'il me batte,
Alors je lui rendrai.
} bis

4 Oh! how he beats me,
My mother,
Oh! how he beats me,
Oh! how he beats me,
And so it's I'll beat him,
My mother,
Oh! how he beats me,
And so it's I'll beat him.
} twice

5 Quand tu lui rendras,
Ma fille
Quand tu lui rendras, } *bis*
Quand tu lui rendras,
Alors l'âne courra,
Ma fille,
Quand tu lui rendras,
Alors l'âne courra.

6 S'il court, qu'il courre,
Ma mère,
S'il court, qu'il courre, } *bis*
S'il court, qu'il courre,
Pour vous il a couru,
Ma mère,
S'il court, qu'il courre,
Pour vous il a couru.

7 Si l'âne saute,
Ma fille,
Si l'âne saute, } *bis*
Si l'âne saute,
Eh bien, qu'en dira-t-on?
Ma fille,
Si l'âne saute,
Eh bien, qu'en dira-t-on?

8 Ils en diront tous,
Ma mère,
Ils en diront tous, } *bis*
Ils en diront tous,
Vieil âne essorillé,
Ma mère,
Ils en diront tous,
Vieil âne essorillé.

5 When you repay him,
My daughter, } *twice*
When you repay him,
When you repay him,
We'll see the donkey trot,
My daughter,
When you repay him,
We'll see the donkey trot.

6 If he trots, let him,
My mother, } *twice*
If he trots, let him,
If he trots, let him,
He's trotted all for you,
My daughter,
If he trots, let him,
He's trotted all for you.

7 If donkey capers,
My daughter, } *twice*
If donkey capers,
If donkey capers,
What will they say to that?
My daughter,
If donkey capers,
What will they say to that?

8 They'll all be saying,
My mother, } *twice*
They'll all be saying,
They'll all be saying,
The dim old crop-eared ass,
My mother,
They'll all be saying,
The dim old crop-eared ass.

Autrefois, dans le sud de la France, l'homme qui s'était laissé battre par sa femme, était promené sur un âne, à califourchon, mais tourné vers la queue de la bête; cela s'appelait 'faire courir l'âne'.

In former times in the south of France, a husband who allowed himself to be beaten by his wife was mounted astride a donkey, facing its tail, a process known as 'making the donkey trot'.

LE PETIT MARI

The mini-husband

Guitar key: G

Lively and perky (♩. = 108)

Languedoc

1 J'ai un tout p(e)tit mari, Je peux bien dir(e) qu'il est pe - tit! A - vec une co-quill(e) de noix, Ah! Ah! Un(e) mai - son j(e) lui ai bâ - ti(e), Hi! Hi! Il en res - ta un mor - ceau, Je peux bien dir(e) qu'il n'est pas gros!___

1 I have a lit - tle hus - band, I can tell you he is small! And a ti - ny nut - shell house, Ha! Ha! I have built where he can stay, Hey! Hey! There's a lit - tle bit left o - ver, He's a mi - ni-size I'd say!

*G chord with the note F♯ on 2nd fret of 1st string.

143

1 J'ai un tout p(e)tit mari,
  Je peux bien dir(e) qu'il est petit!
  Avec une coquill(e) de noix,
  Ah! Ah!
  Un(e) maison j(e) lui ai bâti(e),
  Hi! Hi!
  Il en resta un morceau,
  Je peux bien dir(e) qu'il n'est pas gros!

2 J'ai un tout p(e)tit mari,
  Je peux bien dir(e) qu'il est petit!
  Une cuisse de moineau,
  Oh! Oh!
  Au dîner lui suffit,
  Hi! Hi!
  Il en resta un morceau,
  Je peux bien dir(e) qu'il n'est pas gros!

3 J'ai un tout p(e)tit mari,
  Je peux bien dir(e) qu'il est petit!
  Avec un peu de toil(e) gris(e)
  Hi! Hi!
  Je lui ai fait trois chemi(ses),
  Hi! Hi!
  Il en resta un morceau,
  Je peux bien dir(e) qu'il n'est pas gros!

4 J'ai un tout p(e)tit mari,
  Je peux bien dir(e) qu'il est petit!
  Avec une aiguill(e) cassée,
  Hé! Hé!
  Je lui ai fait une épée,
  Hé! Hé!
  Il en resta un morceau,
  Je peux bien dir(e) qu'il n'est pas gros!

5 J'ai un tout p(e)tit mari,
  Je peux bien dir(e) qu'il est petit!
  Avec une têt(e) de hareng,
  An! An!
  Je l'ai nourri pendant un an,
  An! An!
  Il en resta un morceau,
  Je peux bien dir(e) qu'il n'est pas gros!

1 I have a little husband,
  I can tell you he is small!
  And a tiny nutshell house,
  Ha! Ha!
  I have built where he can stay,
  Hey! Hey!
  There's a little bit left over,
  He's a mini-size I'd say!

2 I have a little husband,
  I can tell you he is small!
  All his appetite allows,
  Bow! wow!
  Is a sparrow roast a day,
  He! He!
  There's a little bit left over,
  He's a mini-size I'd say!

3 I have a little husband,
  I can tell you he is small!
  Of some cobweb grey so fine,
  My! My!
  Three new shirts I've made for him,
  Bim! Bim!
  There's a little bit left over,
  He's a mini-size I'd say!

4 I have a little husband,
  I can tell you he is small!
  Of a broken needle, I
  Hi! Hi!
  Have made for him a sword,
  My word!
  There's a little bit left over,
  He's a mini-size I'd say!

5 I have a little husband,
  I can tell you he is small!
  On a herring's head I bought,
  Good lord!
  I have fed him for a year,
  Hear! Hear!
  There's a little bit left over,
  He's a mini-size I'd say!

Une des versions de la chanson très connue sur le mari ridiculement petit.
Scarron (1610-1660), dans le *Roman comique*, fait chanter un chanson semblable à son personnage 'La Rancune'.

One of the versions of the well-known theme of a ridiculously small husband. Scarron (1610-1660) in *The Merry Tale*, introduces a similar song sung by the character 'Malice'.

LA RONDE DE LA VIEILLE

The old crone's dance

Orléanais

1 A Paris, dans une ronde, Composée de jeunes gens, Il se trouva une vieille Qui avait quatre vingt ans. Oh! la vieill(e), la vieill(e), la vieille, Qui croyait avoir quinze ans, Qui croyait avoir quinze ans!

1 In a ring, pretty in Paris, Danced the young, merry and gay, In the midst was an old woman Who was eighty years that day. Oh! the granny, Oh! the granny, Aged fifteen she said she'd stay, Aged fifteen she said she'd stay.

*D chord with the note E on open 1st string

1 A Paris, dans une ronde,
  Composée de jeunes gens,
  Il se trouva une vieille
  Qui avait quatre-vingt ans.
  Oh! la vieill(e), la vieill(e), la vieille,
  Qui croyait avoir quinze ans,
  Qui croyait avoir quinze ans!

2 Elle choisit le plus jeune
  Qui était le plus galant.
  — Va-t-en, va-t-en, bonne vieille,
  Tu n'as pas assez d'argent!
  Oh! la vieill(e), etc.

3 — Si vous saviez c(e) qu'a la vieille,
  Vous n'en diriez pas autant!
  — Dis-nous donc ce qu'a la vieille?
  — Elle a cent tonneaux d'argent!
  Oh! la vieill(e), etc.

4 — Reviens, reviens, bonne vieille,
  Reviens ici promptement.
  On alla chez le notaire:
  — Mariez-nous cette enfant!
  Oh! la vieill(e), etc.

5 — Cette enfant, dit le notaire,
  Elle a bien quatre-vingts ans;
  Aujourd'hui le mariage,
  Et demain l'enterrement.
  Oh! la vieill(e), etc.

6 On fit tant sauter la vieille,
  Qu'elle est morte en sautillant.
  On regarde dans sa bouche,
  Ell(e) n'avait plus que trois dents . . .
  Oh! la vieill(e), etc.

7 Un(e) qui branle, un(e) qui hoche,
  Une qui s'envole au vent.
  On regarde dans sa poche,
  Ell(e) n'avait qu(e) trois liards[1] d'argent!
  Oh! la vieill(e), etc.

[1] ancienne monnaie de cuivre, qui valait le quart d'un sou.
La chanson populaire prend facilement la mort comme thème, et en fait souvent un sujet humoristique.

1 In a ring, pretty in Paris,
  Danced the young, merry and gay,
  In the midst was an old woman
  Who was eighty years that day.
  Oh! the granny, Oh! the granny,
  Aged fifteen she thought she'd stay,
  Aged fifteen she thought she'd stay.

2 Then she beckoned to the youngest,
  He was gallant and unwed.
  — Oh go on, go on, good granny,
  You're not rich enough, he said.
  Oh! the granny, etc.

3 — But if you knew what old granny had,
  You'd not treat her so brash!
  — What's she got that's any value?
  — She's a hundred kegs of cash!
  Oh! the granny, etc.

4 — Come on back, come on, old granny,
  Come on back, hurry, be quick.
  We will hasten to the lawyer:
  — Marry off our gay young chick!
  Oh! the granny, etc.

5 This young chick, cackled the lawyer,
  Is a strapping eighty-four;
  Wed today and gone tomorrow,
  (Funeral at the self-same hour).
  Oh! the granny, etc.

6 Hop and skip went the old dummy,
  Round and round; then she fell dead.
  When they looked into her mouth she'd
  Only three teeth in her head.
  Oh! the granny, etc.

7 One that jigs and one that jiggles,
  One that's lost upon the wind,
  She had only a brass farthing
  In her pocket left to find.
  Oh! the granny, etc.

[1] obsolete brass coin worth a quarter of a sou.
In the traditional songs of the people, the theme of death recurs as a favourite subject of gruesome humour.

INDEX OF FRENCH TITLES

INDEX OF FRENCH FIRST LINES

INDEX OF ENGLISH TITLES

INDEX OF ENGLISH FIRST LINES

TABLE DE DESSINS

INDEX OF DESIGNS